中国现代作家青春剪影丛书

修订本

泥土深情 巴金

陈迎宪——著

时代出版传媒股份有限公司
安徽教育出版社

图书在版编目（CIP）数据

泥土深情：巴金 / 陈迎宪著. —修订本. —合肥：安徽教育出版社，2022.5

（中国现代作家青春剪影丛书）

ISBN 978-7-5336-9621-4

Ⅰ.①泥… Ⅱ.①陈… Ⅲ.①巴金(1904-2005)—生平事迹 Ⅳ.①K825.6

中国版本图书馆CIP数据核字（2022）第001827号

泥土深情　巴金
NITU SHENQING　BAJIN

出 版 人：费世平
统筹编辑：周　佳
责任编辑：余润桑
装帧设计：王莉娟
美术编辑：吴亢宗
责任印制：陈善军

出版发行：安徽教育出版社
地　　址：合肥市经开区繁华大道西路 398 号　邮编：230601
网　　址：http://www.ahep.com.cn
营销电话：(0551)63683012，63683013
排　　版：安徽时代华印出版服务有限责任公司
印　　刷：安徽联众印刷有限公司

开　　本：880 mm×1230 mm　1/32
印　　张：5
字　　数：90 千字
版　　次：2022 年 5 月第 1 版　2022 年 5 月第 1 次印刷
定　　价：28.00 元

（如发现印装质量问题，影响阅读，请与本社营销部联系调换）

青春剪影出一首首梦的歌（代序）

傅光明

鲁迅《呐喊·自序》的开篇第一段话是："我在年青时候也曾经做过许多梦，后来大半忘却了，但自己也并不以为可惜。……这不能全忘的一部分，到现在便成了《呐喊》的来由。"紧接着，他回忆起儿时家庭从小康坠入困顿，这样的苦涩经历使他从中得以看见世人的真面目，继而要"走异路，逃异地，去寻求别样的人们"。

从他睁开眼看世界，他便有了梦，很美满的一个梦——到日本，学医，救治像他父亲一样"被误的病人的疾苦，战争时候便去当军医，一面又促进了国人对于维新的信仰"。直到课堂上放映关于日俄战事的画片，"忽然会见我久违的许多中国人了，一个绑在中间，许多站在左右，一样是强壮的体格，而显出麻木的神情。据解说，则绑着的是替俄国做了军事上的侦探，正要被日军砍下头颅来示众，而围着的便是来赏鉴这示众的盛举的人们"。

这个故事本身已具有经典性，不仅如此，相信凡熟悉鲁迅的读者更喜欢咀嚼接下来的这一小段文字，因为它是鲁迅作家梦开始的地方："医学并非一件紧要事，凡是愚弱的国民，即使体格如何健全，如何茁壮，也只能做毫无意义的示众的材料和看客，病死多少是不必以为不幸的。所以我们的第一要著，是在改变他们的精神，而善于改变精神的是，我那时以为当然要推文艺，于是想提倡文艺运动了。"

这时，他又开始做好梦了。从仙台辍学回到东京，他邀几位朋友一起办杂志，以期迈出文学的第一步。但这本取"新的生命"的意思而叫《新生》的杂志，在策划中便胎死腹中，梦也随之转瞬即逝了。

因梦无法实现而带来的寂寞，一天天地长大起来，"如大毒蛇，缠住了我的灵魂了"。然后是无端的悲哀和驱除不尽的痛苦，而麻醉的最好办法是"使我沉入于国民中，使我回到古代去"，让生命黯然销魂，直销到"再没有青年时候的慷慨激昂的意思了"。

就这样，在蚊子多的一个夏夜，已蛰居北京，在绍兴会馆里百无聊赖抄古碑的鲁迅，迎来了一个老朋友。这位"偶或来谈"的老朋友金心异，便是正协助陈独秀编辑《新青年》杂志的钱玄同。聊天中，一段石破天惊的对话呱呱坠地，并成为中国现代文学史上经典的里程碑式的思想意象：

假如一间铁屋子，是绝无窗户而万难破毁的，里面有许多熟睡的人们，不久都要闷死了，然而是从昏

> 睡入死灭，并不感到就死的悲哀。现在你大嚷起来，惊起了较为清醒的几个人，使这不幸的少数者来受无可挽救的临终的苦楚，你倒以为对得起他们么？
>
> 然而几个人既然起来，你不能说决没有毁坏这铁屋的希望。

由此，鲁迅发出"狂人"的呐喊，《狂人日记》不仅成为小说家鲁迅的起点，更成为中国现代白话小说的源头和丰碑。

可以说，鲁迅是在生命日渐消沉的时候才做起小说来！显然，是五四精神孕育出了鲁迅的新生，而鲁迅又给五四精神注入了别样的新鲜活力和深邃的思想光芒。那本在东京未出世就夭折了的《新生》雪藏起鲁迅的摩罗诗力，而一本在北京崭新的《新青年》却真的赋予了鲁迅新的生命——文学的、艺术的、精神的、思想的不朽生命。

简言之，一篇短短的《呐喊·自序》，已大致可以为鲁迅，同时也可把这样的梦影当参照，为许多现代作家，甚至为读者自己画一幅青春剪影了。

像鲁迅一样，世上所有的人，年轻时候都会做许多梦。醒来一个梦，再做下一个梦，有梦便有希望在，人生的过程就是在不断做梦寻梦。当然，悲哀时，又会感觉一如鲁迅所说，"人生最苦痛的是梦醒了无路可以走"。如果真的无路可走了，还是要做梦，回忆青春的梦。没有了梦，便只剩下了绝望。

这套书里的作家们，年轻时几乎无不是有着一个又一个的梦。郭沫若和鲁迅一样，早年赴日本留学时，学的是医学，后因受到荷兰哲学家斯宾诺莎和美国诗人惠特曼思想的影响，决心弃医从文；与郭沫若等一同发起成立"创造社"的郁达夫，留日之初，考入的是东京第一高等学校医部预科，后又改学过政治学、经济学；冰心在写她的《繁星》《春水》以前，就读于协和女子大学理科，向往的也是日后成为一名医生。

然而，任何一个梦想的实现，都需要付出巨大的艰辛、努力。一个人的青春岁月，时常是苦恼与快乐相伴、信心与茫然相随。正是在这个时候，已经长大了的青少年，会突然惊奇地发现，原来世间的事情是如此的复杂，连黑与白的界线都有可能变得不明晰和不确定起来，无法一下子认定的事情越来越多。这些对于作家来说，却又是不可或缺的人生经历和体验。

无论他们在年轻时做过怎样的梦，有一点是共同的，即读书、求知。他们大都有过在海外或留学，或进修，甚或流亡的经历；他们中的许多人至少懂得一门外语，像巴金、郁达夫、钱锺书、杨绛等，通晓的外语都在两门或两门以上。茅盾是在大革命失败后，流亡日本时，深度创作他的小说处女作《蚀》三部曲的。巴金的小说处女作《灭亡》写于巴黎，这之后，他的写作一发不可收。朱自清在出任清华大学中国文学系主任的前一年，曾在英国进修过语言学和英国文学，后漫游欧洲五国，才有后来写作的

《欧游杂记》《伦敦杂记》。艾青最初读的是艺术学院绘画系，后在赴法国勤工俭学时，边学绘画，边接触欧洲现代派诗人，最终成为诗人，而不是画家。在南开中学就开始参与戏剧活动的曹禺，初入南开大学，读的是政治系，转至清华大学西洋文学系才真正开始钻研戏剧，从古希腊剧作家到莎士比亚、契诃夫、易卜生、奥尼尔，孕育出了他的《雷雨》《日出》。

每个作家都有藏在他的文学梦背后的故事，这些故事对于启迪我们的人生智慧和精神思想，都是难得的知识营养。通过这些故事，我们知道，徐志摩最早没想过要成为诗人，他留学美国时，学的是经济，转去英国，是为了追随罗素，搞政治。当丁玲陷在生活的困惑之中，她做过画家梦，更做过电影明星梦。各自已有深厚的人生体验的川籍作家艾芜、沙汀，是在他俩相遇后，才一起走上文学路的。从湘西走出来的"乡下人"沈从文，学历只到小学，经过人生的许多坎坷沧桑，矢志不渝，最终成就了自己的文学梦。

对于今天的读者，已经成为历史的他们，在这个"剪影"里构成了一组混着一个又一个青春生命泪与笑的梦的合唱。如果能够从他们一串串的梦里找到自己，相信你的未来不是梦！

巴 金

(1904年11月25日—2005年10月17日)

写在前面

亲爱的青少年朋友们，你们知道巴金老人吗？你们读过他的作品吗？也许，你们已经知道，他是中国现代文学史上的一代巨匠；或许，你们当中，还有不少人已经读过他的最著名的作品"激流三部曲"：《家》《春》《秋》；也许，你们也已经知道，在北京，有一座中国现代文学馆，就是巴金老人倡议修建的，并且为之捐献了他自己的十五万元稿费和三千一百六十一件珍贵的书稿资料。

是的，巴金是我国五四以来最优秀最重要的文学家之一。巴金，其实是一个笔名。巴金的原名是李尧棠。巴金自己解释这名字的来由："一九二八年八月我写好《灭亡》要在原稿上署名，我想找两个笔画较少的字。我当时正在翻译克鲁泡特金的《伦理学》，我看到了'金'字，就在稿本上写下来。在这时候我得到了一个朋友自杀的消息，这个朋友姓巴，我和他在法国同住了一个不长的时期。他就是我在《死去的太阳》序文中所说的'我的一个朋友又在项热投水自杀'的那个中国留学生。我们并不是知己朋友,但是在外国,人多么重视友情。我当时想到他,我就在'金'字上面加了一个'巴'字。从此'巴金'就成了我的名字。"

在《灭亡》中响彻巴金愤怒的呼声:"凡是曾经把自己的幸福建筑在别人的痛苦上面的人都应该灭亡。"这也是小说和他之后诸多作品的主题。

他异常勤奋,从1927年年仅二十三岁时在法国写出第一部长篇小说《灭亡》到1947年的二十年中,他写了小说二十部,有"革命三部曲":《灭亡》《死去的太阳》《新生》,"爱情三部曲":《雾》《雨》《电》,"激流三部曲":《家》《春》《秋》,"抗战三部曲":《火》《冯文淑》《田惠世》,还有《海底梦》《春天里的秋天》《利娜》《砂丁》《雪》《憩园》《第四病室》《寒夜》;写了十一本短篇小说集,包括近百个短篇,有《复仇集》《光明集》《电椅集》《将军集》《抹布集》《沉默集》《神·鬼·人》《发的故事》《还魂集》《小人小事》和一本童话故事《长生塔》;写了近二十本散文、杂文、评论集,有《忆》《短简》《生之忏悔》《点滴》《梦与醉》《控诉》《无题》《黑土》《龙·虎·狗》《废园外》《怀念》《静夜的悲剧》《海行杂记》《旅途随笔》等。

巴金还是我国新文艺运动的一个辛勤的园丁,曾担任文化出版社的总编辑,主编过《文学丛书》《文化生活丛书》《译文丛书》,并和茅盾、靳以等编辑过《呐喊》《烽火》《文丛》等刊物，介绍过许多中外名著。在他的编辑生涯中，他发现、扶持了曹禺等众多进步的青年作家。

巴金又是一位优秀的翻译家。他翻译的外国名著有：《高尔基短篇小说集》，屠格涅夫的《父与子》《处女地》，赫尔岑的《家庭的戏剧》《往事与随想》，克鲁泡特金的《伦理学》《我的自传》，薇娜·妃格念尔的《狱中二十年》；《迟开的蔷薇》（德国，斯托姆)、《夜未央》(波兰，廖托夫)、《秋天里的春天》（匈牙利，尤利·巴基)、《快乐王子集》（英国，王尔德)，《骷髅的跳舞》(日本，秋田雨雀)、《狱中记》(美国，柏科曼)、《西班牙的血》(画册，西班牙，加斯特劳)等。

巴金的作品经受了半个多世纪的检验，几乎受到了每一代青年读者的喜爱，尤其是在我国新民主主义革命时期，一代青年人在这里汲取思想乳汁，成为他们反对封建、走出家庭、奔向光明的力量，激励着他们"去寻找真正的人生"。"激流三部曲"就是五四以来在反封建方面影响最为深广的文学作品。这三部写于八十多年前的文学作品，在中国现代文学史上，在世界文坛上，都产生了巨大的影响。新中国成立之初，在伟大的抗美援朝战争中，巴金曾经两次入朝，在冰天雪地的前沿阵地，巴金感受体验着指战员们一口炒面一口雪的坚强意志。志愿军战士"一人吃苦、万人幸福"的忘我精神，深深感动着巴金。"每天我都感觉到有一种力量在推动我，有一种感情在激励我，有一种爱在我心中燃烧。"他写出了由四篇小说结集的《英雄的故事》，写出了颇有影响的《我们会见了彭司令员》等作品。根据他的小说《团圆》改编的电影《英雄儿女》，为保家卫国的志愿军战士唱响了最为真挚动人、豪迈激越的"英雄赞歌"！七十多年来，深为几代观众所喜爱。1982年，在七十八岁高龄的时候，巴金荣获意大利"但丁国际奖"；次年五月，法国总统密特朗授予他法国最高荣誉勋章——法国荣誉军团勋章。

晚年的巴金老人，虽然已是耄耋之年，但是他仍笔耕不辍。他说："不管我的笔多么无力，我的声音多么微弱，我也要为这个伟大的时代和英雄的人民献出自己的全部力量，让这样一滴水落到奔腾的汪洋大海里面。"20世纪80年代以后，早年反封建的巴金老人，把笔锋转向了一个重大的问题：说真话。他以孱弱之躯，用颤抖的但依然刚健有力的手，写下了近五十万字的五本《随想录》，为中国现当代文学开创了一个新品种，展示了一个新的方向和内容。他以"把心交给读者"的坦荡和诚挚，向读者袒露自己的内心世界，通过自我否定和忏悔，以亲身的实践大声疾呼人们要"说真话"。巴金老人的文字永远像他曾经提到的俄国小说家屠格涅夫评论赫尔岑的那句话一样："这一切全是用血和泪写成的：它像一团火似的燃烧着，也使别人燃烧……"为此，巴金老人的《随想录》被称为"20世纪文学的最重大的贡献"，巴金老人被称为"20世纪的良心"。

巴金是成都人。他对于家乡有特别深挚的感情，1987年，他以八十三岁高龄回到成都，踏上家乡的土地，老人激动地说，他带回一颗心来了。

在访问他的老友文学家李劼人故居时，巴金在留言簿上写道："一九八七年十月十三日巴金来看望人兄，我来迟了！"他对已故老友的感情，令陪伴的老友故人无不涕泪欲出。离开成都回上海时，巴金特意带走了一包家乡的泥土，可见他对家乡的眷念之深。

2005年10月17日，巴金以102岁的高龄永远离开了这个世界。但是，他对祖国对民族对未来的深情挚爱，他对华夏大地的赤子情怀，依然在感动温暖激励着我们！

巴金的成都故友，文化老人马识途曾经不止一次地说，如果我们说鲁迅是中国的脊梁骨的话，那么巴金就是中国的良心。巴金一生别无所有，只有一颗善良的心和一支犀利的笔。他用这颗心和这支笔，为中国人民的苦难而痛哭，为中国人民的解放而战斗，为中国人民的新生而欢呼。当中国人民遭受挫折的时候，他负罪式地进行深沉的思索和深入灵魂的拷问，告诫人们不要忘记教训。

"问天赤胆终无愧，掷地黄金自有声！"

2021年11月14日晚，从浩瀚的太空，传来了神舟十三号飞行乘组三名航天员王亚平、叶光富、翟志刚的深情朗读声。他们朗读的是巴金先生的《激流》总序。这是巴金先生1931年为自己的"激流三部曲"所写的序。这篇短短的序文和他的三部曲一样激情澎湃。巴金在文中把生活比喻为奔腾不息的激流,将与生活搏斗的勇气和对未来满满的信心传递给读者。请听——

王亚平:生活是一场"搏斗"。我们生活来做什么?或者说我们为什么要有这生命?罗曼·罗兰的回答是"为的是来征服它"。我认为他说得不错。我无论在什么地方总看见那一股生活的激流在动荡,在创造它自己的道路,通过乱山碎石中间。

叶光富:这激流永远动荡着,并不曾有一个时候停止过,而且它也不能够停止;没有什么东西可以阻止它。这里面有爱,有恨,有欢乐,也有痛苦。这一切造成了奔腾的一股激流,具着排山之势,向着唯一的海流去。

翟志刚:有人说过,路本没有,因为走的人多了,便成了一条路。又有人说路是有的,正因为有了路才有许多人走。谁是谁非,我不想判断。我知道生活的激流是不会停止的,且看它把我载到什么地方去!

听着这从遥远的中国空间站传来的款款诵读,我们沉醉在这从太空传来的浓浓诗意和宇宙级的浪漫中!在这诗意和浪漫中,我们好像看见巴金"激荡在这绵绵不息、滂沱四方的生命洪流中,我就应该追逐这洪流,而且追过它,自己去造更广、更深的洪流"。

我们好像又听见了巴金在《做一个战士》中的铿锵话

语——

一个年轻的朋友写信问我:"应该做一个什么样的人?"

我回答他:"做一个战士。"

另一个朋友问我:"怎样对付生活?"

我仍旧答道:"做一个战士。"

……

做一个战士!

亲爱的青少年朋友们,你们是未来中国的小主人。可是,你们是否知道,在20世纪初,中国大地是什么样的?你们是否知道,什么是封建道德、封建制度?对于在现代文化氛围中成长起来的你们,那一切应该是非常陌生的,也是你们难以想象和理解的。但是,知古鉴今,如果你们知道了那一切,你们就会理解为什么每一个曾经经历过旧中国的人,每一个从旧社会走过来的人,都是那样热爱新中国,珍惜新生活,向往新世界。巴金老人,就出生在那样的时代,在那样的环境中度过了他的幼年、童年和青少年时期。亲爱的青少年朋友们,让我们一起,回到20世纪之初,去探寻巴金老人在人生旅途中最初的足迹……

目 录

第一章　富饶神奇的巴蜀古国/001

第二章　"送子娘娘"送来的淘气娃娃/006

第三章　县衙门里的"鸡司令"/011

第四章　蚕宝宝/016

第五章　充满阳光的书房/020

第六章　惊堂木和青天大老爷/027

第七章　杨　嫂/032

第八章　成都老家/042

第九章　革命　辫子　大汉旗/047

第十章　欢乐美丽的青春世界/055

第十一章　母亲：第一位先生/062

第十二章　二　姐/070

第十三章　木匠老陈/075

第十四章　第二位先生/080

第十五章　父　亲/086

第十六章　祖　父/091

第十七章　平生的第一封信/096

第十八章　第三位先生/104

第十九章　叛逆者/109

第二十章　灵魂的呼号/118

第二十一章　御风而行/131

后　记/137

第一章

富饶神奇的巴蜀古国

在祖国的西南腹地,有一片富饶的山川,这就是有名的天府之国——祖国四大盆地之一的四川盆地。这是一片神奇的土地,古称巴蜀。相传这里本是一片泽国。在这里,大禹治水,历尽艰辛,遇水乘舟,逢陆乘车,遇泥乘辀,逢山乘樏,奔波往返,终于凿通三峡,这一片泽国才得以成为陆地,形成盆地。

在这里,北有秦岭横亘,东有夔门封锁,南有云贵高原为屏障,西以青藏高原为依托。这些崇山峻岭犹如一道天然屏障,阻挡了北方民族的南下和东方荆楚民族的西入,也形成了这块盆地气候温和、雨水充沛、土地肥沃的良好的自然环境。自远古以来就生活在这里的巴族人、蜀族人,很早就由狩猎渔牧转为农业耕作。因此,这里的农耕技术较为先进,对环境的开发和利用的程度都比较高。这里的人们,也远比中原和荆楚地区的人们富裕。每当丰收时节或是节庆祭典,巴族人用嘉谷旨酒祭祀他们的祖先。他们骄傲地唱着:"惟月孟春,獭祭彼崖。永言孝思,享祀孔嘉。彼黍既洁,彼仪既泽。蒸命良辰,祖考来格。"而蜀族人更是"水旱相从,不知饥馑,时无荒年"。巴蜀之富，冠于天下，使人们发出了"得蜀则得楚，楚亡则天下并矣"的感慨。也因此，为了这片土地，不知有过多少战乱纷争，最著名的大概就是东汉末年的魏、蜀、吴三国之争了。

丰厚的物质基础，优越的地理环境，使这片被誉为"天府之国"的巴蜀大地，不但是兵家必争之地，也是人文荟萃之地。有战国秦昭襄王时蜀郡郡守李冰父子修建的都江堰，"万流归一江，八百里青城沃野，都从太守得来"。后人赞曰："决江一支溉数州，至今禾黍连云种。"有始建于唐开元元年（713年）的"山是一尊佛，佛是一座山"之称的高达七十一米的乐山大佛。三国时，蜀汉相争，"功盖三分国，名成八阵图"，"诸葛大名垂宇宙"，白帝城，武侯祠，给后人留下无数兴亡的感叹。"举杯邀明月，对影成三人"，著名的浪漫主义诗人李白语出惊人，"俱怀逸兴壮思飞，欲上青天揽明月"，"白发三千丈，缘愁似个长"。晚唐安史之乱，人民饱受战乱之苦，著名大诗人杜甫愤而写下了千古名篇《茅屋为秋风所破歌》："安得广厦千万间，大庇天下寒士俱欢颜，风雨不动安如山！呜呼！何时眼前突兀见此屋，吾庐独破受冻死亦足！"

"剑门天设险"，"峨眉天下秀"，巴山蜀水，这片富庶而又饱经沧桑的土地，在我国历史上，曾经哺育过无数杰出的诗人、文学家、政治家。除了李白、杜甫，还有"三苏"父子：苏洵、苏轼、苏辙；还有西汉著名辞赋家扬雄、秉笔直书《三国志》的陈寿；还有那以高昂清俊的"前不见古人，后不见来者，念天地之悠悠，独怆然而涕下"的千古绝唱而开一代诗风的陈子昂；还有明代学者、文学家杨慎。在这里，南宋著名爱国诗人陆游曾宦游十年之久，留下了《剑南诗稿》；近代以来，自号"青城客"的著名国画大师张大千，至死怀念着故乡，"生平梦结青城宅"；著名爱国诗人、书法家于右任曾在此大书"愿与青山共白头"；近代以来，这里更培育出一代革命伟人朱德、邓小平、陈毅、吴玉章、聂荣臻、罗瑞卿和文化名人郭沫若、李一氓、李劼人、沙汀、艾芜、何其芳……也就是这片土地，还养育了一位杰出的文坛巨子：巴金。

19世纪末20世纪初的中国，正处于世纪之交的剧烈动荡中。1840年鸦片战争以后，西方资本主义势力用鸦片和枪炮侵入了闭关自守的古老的中华帝国。清王朝摇摇欲坠，资产阶级民主主义革命正在酝酿孕育之中。即使是在遥远而偏僻的川西平原，也能够感受到世纪之风的强劲吹拂。地处川西坝子的成都，是四川政治、文化和经济的中心。在这里，总督部堂的衙门壁垒森严，藩台、臬台、镇台、满将军等各级官吏，尽管他们依然是轿马相随呼啸而过，但其威风早已不似当年了。在少城公园一带，人们常常可以看见一些身穿长袍马褂，长长的、油腻腻的辫子拖在身后的年轻人。他们迈着八字步，提着鸟雀笼，晃晃悠悠地，往来于茶馆、酒肆之间——这些人，就是大清王朝的浪荡子孙：八旗子弟。他们肩不能挑，手不能提，靠着祖先马上打下来的天下和资产，坐吃山空，或是游手好闲，或是日嫖夜赌，过着不劳而获的生活。而正是从这些人身上，人们不难看出这个王朝、这个阶级的没落、颓唐……

帝国主义的洋枪洋炮轰开了我国的国门，那些手持十字架的西方传教士，也纷纷来到中国。在成都，也出现了由洋人开办的学堂、医院、教堂……或许是侵略者没有想到的，西方先进的科学技术、思想观念、思维方式，也随之注入了中国社会，渗透入古老中华的肌体中。先进的中国人，正是在这里，寻找着古老中华的新生的武器和复兴的途径。

仅仅百天的"维新变法"，犹如一场强旋风，刮过中国大地，随之而起的，是各种新式官僚机构，如提学使司、巡警道、盐茶道等机构；新式的学校也如雨后春笋般涌现出来，不再仅仅讲授"四书五经""八股奏章"，更增加了许多令当时的人们瞠目结舌的前所未闻的自然科学知识。

反帝反封建的怒火在酝酿，在萌生。1895年的端午节，在成都的东校场，发生了震惊中外的"成都教案"，几千群众捣毁了成都四圣寺街的外国教堂；红灯教和义和团那熊熊燃烧的攻城火把，让当时成都的官僚心惊胆战；在繁荣的成都市中心，一些读书人组成了"蜀学会"，试图用"通经致用""托古改制"的办法迎接新世纪的到来……

然而,在成都北门正通顺街的石板路上,在那座占地面积最大、名声也很响亮、世代官宦的李家宅院里,一切似乎都还很平静。

第二章
"送子娘娘"送来的淘气娃娃

1904年11月25日,农历甲辰年十月十九日,正午时分,冬日的阳光温暖地照耀着。

这一天,李家宅院和往日有些不同。家里的人,无论长幼,脸上都带着几分紧张,仆人们来来往往,显得格外忙碌。还有坐着轿子来到的医生,由父亲李道河陪着。他的脸上,严肃中更流露着几分期盼。而李道河的父亲李镛,则按照老规矩,燃起了香烛,他虔诚地叩拜着,乞求祖宗在冥冥之中保佑全家的安宁平安。原来,是李家的长子——李道河的妻子要生产了,全家上上下下,几十口人,都在期待着关心着:长房里即将诞生的新生命——是弄璋还是弄瓦?

时间已经过午了,阳光还在慢悠悠地愉快地将它的光线投射在窗户上,可全家人却都有些着急,但愿大人孩子都平安!

啊,你听,从里屋传来了响亮的啼哭声,孩子呱呱坠地了!是个男孩!

明亮的眼睛,宽阔的额头,好一个聪慧可爱的孩子!就像他的两个哥哥一样,端端正正的五官,圆圆的脸庞。

母亲陈淑芬疲惫的脸上，浮现出了欣慰的笑意。望着这个哇哇啼哭的孩子，先前生产时的痛苦、挣扎和劳累，此刻全都消失了。无限的笑意，无比的温馨，涌满了母亲的心头。多好啊，这个男娃儿！

这一天，也正是母亲自己的生日。轻轻地抚摸着孩子小小的嫩嫩的脸蛋，母亲又想起了黎明前的那个奇怪的梦：有个就像寺庙里的观音模样的"送子娘娘"，踏着轻盈的脚步，来到她的面前，笑盈盈地递过一个婴儿，说："这个娃娃本来是给你的弟媳的，因为怕她不会好好待他，所以送给你。"她接过孩子，抬起头向娘娘道了声谢，再低头去看婴儿时，自己却醒来了……而现在，一个眉目清秀的娃娃真的就在这里！一股柔情涌上心头，母亲伸出手臂，把这孩子紧紧地搂在自己温暖的怀抱——这孩子，就是后来成为著名作家的巴金。

这个新生的孩子，被取名李尧棠，乳名升麟，字芾甘。这名字取自《诗经》中的《召南·甘棠》："蔽芾甘棠，勿剪勿伐，召伯所茇。""芾甘"，小树的意思。这句诗的大意是，这棵小小的棠梨树，请人们不要去砍伐它，这是召伯南巡时曾经休息过的地方。周朝时的召伯治理国家很有德政，人们在这首诗里表达了对他的怀念。而以此为他取名，是不是也寄托了李家长辈们对这个小小的孩子的期望？

李家是一个世代书香、三代同堂的大家族。他们的祖籍原在浙江嘉兴。大约是在清朝嘉庆年间，他们的祖先李介庵随伯祖李秋门来到北京，结交了当时的名士张船山等人。李介庵因此被举荐受聘来到山西的马家教书。李介庵尽心尽力教书育人，马家的子弟都得以应试及第。为感谢李介庵，马氏保荐李介庵捐官入川。就在嘉庆中叶，全家人随着李介庵来到四川定居。李介庵的儿子李璠，也就是小升麟的曾祖父，曾经做过县官。1878年，李介庵在五十五岁的时候去世了，就埋在成都郊外。他留给后代的，除了一些不多的田产，还有一本颇有书卷气的《醉墨山房仅存稿》。小升麟的祖父李镛，也曾做官多年。在戊戌政变前，他辞去官职，"告归林下"，买下了正通顺街这座五进三重堂的深宅大院，还收藏了许多古玩字画。祖父认为自己为官清廉，深通礼教，还能够吟诗作文，于是到六十岁的时候，自己刻印了一本诗集《秋棠山馆诗钞》送给亲朋好友。在晚年，他一心想的是"五世同堂"，让这个大家庭一代一代永远兴旺发达。李家宅院的红漆大门上，祖父用隶书墨字题联："国恩家庆，人寿年丰。"祖父还给自己的儿孙们排出了家谱，从儿子辈的"道"字开始，一共排出了十六辈，分别为"道、尧、国、治、家、庆、泽、长、勤、修、德、业、世、守、书、香"。小升麟出生的时候，正是这个大家庭最兴盛的时候。这个家庭里，已"有将近二十个长辈，有三十个以上的兄弟姐妹，有四五十个仆人"。按着封建大家庭的规矩，小升麟排行属老四，除了自己的大哥尧枚和三哥尧林，他还有一个二哥，是二叔的儿子。他还有三个不在排行里的亲姐姐，而最大的姐姐，在他出生之前就夭折了。因此，这个"老幺"小升麟备受宠爱。

是的，小升麟的出生，对于他的父母来说，尤其对于母亲，是莫大的安慰。因为这么多年来，和祖父李镛的愿望相反，作为李家长子的父亲李道河的官运并不是那么如意，将近而立之年，却仍然只是一个县衙门里头的小官吏。父亲为人性情豪爽，很为朋友们喜欢，但他不善于见风使舵，不善于应酬，因此，不为上司赏识。而母亲，在生下大哥李尧枚之后，一连生了三个女儿。这在重男轻女的封建大家庭里，就成了一个"罪过"，成为叔伯妯娌们讽刺嘲笑的话柄。在这样的大家庭里，长房媳妇一进门，就不知道有多少双眼睛在盯着你，看你有没有"帮夫运"。因此，丈夫李道河的官运不济，不是由于当时封建衙门里的制度的腐朽和风气的腐败，也不是由于丈夫李道河的"无能"，而是全怪母亲没有好运来"帮夫"。无论公公婆婆，或是叔婶、妯娌，都是这样看的，为此，母亲受了不少的气，在这个家里一直抬不起头来。母亲常常背着人暗暗落泪。而现在，在三哥尧林才一岁多的时候，母亲又生了一个儿子，这怎么能不叫母亲为此感到欣慰；更何况，小升麟的生日还和母亲的生日同在一天。难道，这真是"送子娘娘"在冥冥之中的保佑吗？

小升麟一天天长大了,他学会了走路,学会了说话。看着他欢天喜地地穿过厅堂,奔跑在院子里红红绿绿的花草间,蹦蹦跳跳地追逐那空中飞来飞去的蜻蜓、小鸟;听着他用稚嫩的童音,一首首背诵着母亲教会的《白香词谱》里的词,母亲心里充满了说不尽的喜悦。每当晴朗的午后,母亲在她那间朝南的屋子做针线活儿的时候,常常会对孩子们讲起这个奇怪的梦。母亲抬起她那圆圆的脸,用爱怜的眼光看着小升麟,笑着嗔斥着:"想不到却是一个这样的淘气娃娃!"

第三章
县衙门里的"鸡司令"

一转眼,这个淘气的娃娃四岁多了。1909年,小升麟随着父母来到了四川北部的广元。父亲在这里当县官。他们就住在县衙里。

县衙好大啊!进去是一大块空地,两旁是监牢,然后是大堂、二堂、三堂、四堂,还有草地,稀疏的桑林。小小年纪的升麟,并不懂"县衙"的意思,但这一处处空阔的宅院,却成了他撒欢戏耍的快乐的天地。每天,读书之后,他和哥哥就叫嚷起来,让家里那个十二三岁的丫头香儿一起到四堂后面去玩。

穿过后房门,走下台阶,就是那片草地。草地的两旁种了几排桑树,桑叶肥大,绿莹莹的一大片。阳光下,几只花鸡在那里懒洋洋地散步。

"我们快来拾桑葚!"香儿的脸上放着光。她也还是个孩子,牵着小升麟的手,他们就往桑树下跑。

"好香啊!"

桑葚的甜香扑进了小升麟的鼻子。满地都是桑葚,满地都是紫红色的果子,有许多都已经碎了,有的是从树上掉下来跌碎了,有的是被鸡的脚爪踏碎了,还有一些是被鸡的嘴壳啄破了。

到处是鲜艳的深紫色的汁水。

撩起衣襟,小升麟学着香儿的样子,躬着腰去拾桑葚,捡那完好的就往嘴里送。啊,甜甜的,还稍稍带点儿酸,真好吃。小升麟光顾着吃,只一会儿工夫,只见满嘴、满手,到处都给染得紫紫的。

吃饱了,小升麟又拾了一大兜桑葚放在衣襟里。

"看你们的嘴!"香儿掏出手帕,给他们擦着。

"手也是。"香儿的嘴里埋怨着,脸上却是笑嘻嘻的。

小升麟乖乖地伸出一只手。他的另一只手,还在扯着那衣襟。

四堂后面传来了鸡叫。

"我们快去找鸡蛋!"小升麟拉着香儿就往后跑。一兜的桑葚都倾在了地上。

小升麟奔跑着,那本来在草地上扬着脖子高声得意啼叫的花母鸡,被吓得扑腾着翅膀惊叫着逃走了。

"看哪个先找到鸡蛋。"香儿这样提议,常常是她先找到那个鸡蛋,不过小升麟有时候也能找到。那鸡蛋还是热乎乎的,上面沾了一点鸡毛,是一个可爱的大鸡蛋。

关于鸡的事情,小升麟知道的并不比香儿少。

鸡是小升麟的伙伴。不,它们是小升麟的军队。

三堂后面,在左边的一排平房最末的一间,就是鸡的"兵营"。

在那间鸡房里,有好几个鸡笼,里面养了二十多只鸡。小升麟给它们都起了名字:

最肥的那只,是大花鸡,它的松绿色的羽毛上还有不少的白点;

那只长着灰色羽毛、有着黑色的斑点的,头上还有着一撮毛的,是凤头鸡;

乌骨鸡,它的身体小小的,它的脚爪、嘴壳,都是乌黑乌黑的;

那只身上有小黑黄色斑点的,叫麻花鸡;

……

每天早晨起床以后,洗了脸,小升麟就让香儿陪着,到鸡房去。

打开鸡笼,小升麟把鸡一只一只地按着次序点了名。

"去吧,好好地去耍!"

撒了几把米在地上,让它们围着啄吃,小升麟就去书房读书了。

下午放了学,小升麟又一个人偷偷地跑来了。他爬上高高的干草堆。干草松松软软的,还有一股阳光晒过后的干草的清香味儿,真好闻!躺在上面,就好像睡在一张大大软软的床上,真舒服啊!温暖的阳光照着他,就像母亲的手在抚摩着他。

阳光照得小升麟睁不开眼睛。他眯缝着眼睛,望着在下面的草地上嬉戏的鸡群。

小升麟永远不会觉得寂寞,他和哥哥一起,就在草地上,会想出种种方法来指挥鸡群做游戏。

和哥哥一起,小升麟在草地上捉蚂蚱,挖蚯蚓,逮蜻蜓,然后,去喂给鸡吃。这样,鸡就可以多下蛋,下老大老大的大鸡蛋!

天黑了,他又和哥哥一起,叫香儿陪着,把鸡一只一只赶进鸡房,又一次一只只地点名,看见一只鸡没有少,这才放心离去。

可是,有一天,傍晚点名的时候,小升麟忽然发现少了一只鸡。

又有一天,那只可爱的黑鸡也不见了。

又过了几天,那只最肥的、松绿色的羽毛上长着白色斑点的大花鸡不见了。

"它们都被家里的何厨子杀了做了菜!"

香儿气喘吁吁地跑来告诉他。

拉起香儿的手,小升麟气呼呼地跑进厨房。

何厨子手里的刀上还在滴答着血,那只手,正把一只鸡扔到地上。

那只鸡,闭着眼睛,垂着头,瘫在地上,不过,还没完全死。小升麟看见它一下猛力挣扎起来,翅膀扑扇着,身子在肮脏的土地上蹭来蹭去。几根带血的鸡毛被扑扇起来的风吹得飘了起来。

"你是凶手!"

何厨子倒是乐呵呵的,一副无所谓的样子。

"四少爷,你哭你的大花鸡啊?"

小升麟气得全身发抖,他转过身子就跑,顾不得香儿在后面喊他。

扑进母亲的怀里,小升麟放声大哭:

"妈妈,把我的大花鸡还给我!……"

"痴儿,这也值得你哭?"母亲笑着,温柔地安慰他。

先前,红烧鸡是小升麟最爱吃的一道菜。可现在,望着饭桌上的那两个盛着鸡肉的菜碗,小升麟就想起大花鸡平日得意地高叫着的姿态。他始终没有在那菜碗里下过一次筷子。

小升麟始终不懂:

"为什么做了鸡,就该被人杀了做菜吃?"

对于别人,那是很自然的事,鸡不过是家禽,而对于小升麟,这却是他的小伙伴,他的军队,他最要好的一个兵啊!

他最好的一个兵就这样被消灭了!

从此,对于鸡的事情,对于这种为了给人类做食物而活着的鸡的事情,小升麟就失掉了兴趣!

小升麟还在照料着那些剩余的鸡。不久,它们先后都做了菜碗里的牺牲品,连着那只他特别喜欢的、灰色的羽毛上长着黑色的斑点、头上多一撮毛的凤头鸡。

第四章
蚕宝宝

迈着轻盈的脚步,春姑娘悄悄地来了。小草拱出了大地,柳树抽出了新枝。那桑树的枝条上,胀鼓鼓的,绽出了新芽,一天一天,展开成了一片片嫩绿的新叶;一天一天,变成了油绿油绿的肥肥厚厚的大桑叶。

家里的人们都开始忙碌起来。

母亲在蚕桑局里选回了六张好蚕种。那是六张皮纸,上面布满了芝麻粒大小的淡黄色的蚕卵。

渐渐地,蚕卵变成了黑色;渐渐地,这些小黑点开始蠕动起来,它们咬破了卵壳,钻了出来。啊,这就是小蚕,快给它们喂桑叶吧!

大家都忙着摘桑叶。

蚕房里摆满了一张又一张的簸箕,簸箕里面摆满了一片又一片的桑叶,只听着一片沙沙的声音,这是蚕在吃桑叶呢。只见那小蚕爬到桑叶边上,顺着叶边,身子一拱一拱的,一口一口地吃桑叶,不一会儿,一片桑叶就给吃光了,只剩下茎秆了。小蚕吃了桑叶,身子就变绿了,也变得胖起来;然后,它的身子又一拱一拱的,这是它在蜕皮呢。从孵化到结茧,蚕要蜕四次皮呢。每蜕一次皮,蚕就胖一圈，身子也变得白起来。最后，它会长得有二寸来长，有手指头那么粗，身子差不多都变得透明起来了。这时，蚕宝宝就要"上山"结茧了。

每天夜里，妈妈或是姐姐，或是家里的女仆，总要穿过小升麟的房间的后门，到蚕房里去给蚕加桑叶。她们轻手轻脚地走着，怕惊醒了孩子们。常常是香儿拿着煤油灯或是蜡烛。

其实，小升麟常常没有睡着，躺在床上，听着脚步声，看着灯光从他床边飘过。小升麟的心里真痒痒。有时，二更锣没有敲过，小升麟就爬起来，跟着妈妈或姐姐们来到蚕房里。

蚕房里，簸箕一张挨着一张，有满满两间屋子那么多。

浅绿色的蚕宝宝在桑叶上蠕动着，一口一口地，正吃得欢着呢。蚕房里，一片窸窸窣窣的声音，一如细雨沙沙落地。

看着妈妈或是姐姐们用手去抓蚕，抓那一条条软软白白的蚕宝宝，小升麟的心里，就觉得像是被人挠着似的发痒痒。

一捧一捧地，妈妈和姐姐们把蚕沙收集起来。

蚕沙是黑色的，一粒粒的，小的像小芝麻粒那么小，大的也不过绿豆那么大；摸上去，清清凉凉的。

人们养蚕，大多是为了得到蚕丝，可对于母亲来说，蚕沙却比蚕丝更有用。母亲养蚕就是为了得到蚕沙。

大哥很早就得了一种病，一旦受了寒气，他的胳膊腿就要疼，一疼就要疼上三四天。

母亲为了治好大哥的病，到处寻医问药。可那时，广元似乎没有好医生，倒是在老百姓和家里的老妈子中，有不少古怪的偏方。

母亲试了不少，可是，都没有能使大哥的病情减轻。

终于，母亲又找到一个偏方：把新鲜的蚕沙和着黄酒、红糖炒热，敷在发痛的地方，几次就可以把病治好。

在川北山区的广元，老百姓种的、吃的，都是玉蜀黍，买不到那种用稻米酿的黄酒。母亲就托人从外地买回来一坛预备在那儿。

然后，母亲就开始养蚕。

其实，母亲曾经发过誓不再养蚕。

母亲曾经养过一次蚕。可是，先是有一次她忘记给蚕喂桑叶，把蚕饿死了一些；后来，稍一疏忽，蚕又让老鼠给偷吃了许多。母亲为此非常难过，发誓再也不养蚕了。也因此，父亲也不赞成母亲再养蚕。

可是，尽管父亲阻止，尽管担心背誓要遭受惩罚，但为了孩子，母亲还是开始养蚕了。

大哥的病果然好起来了，不知是不是这个偏方的作用。那位告诉她偏方的是一位姓薛的乡绅的太太，母亲后来和她结拜为姐妹。

蚕宝宝要上山了。家里人就准备好像山一样堆起来的一束一束的稻草秆，让蚕宝宝爬上去。

蚕宝宝开始一口一口地吐丝，慢慢地，把自己缠裹在里面。

稻草秆上，结满了白色的、黄色的茧子。小升麟看着好玩儿，常常也会摘下几个来玩。

不久，家里人搬来了丝车，一捧一捧地，他们把茧子放在锅里，点上火煮着，一面摇起了丝车。

慢慢地，茧子上的丝被抽光了，沸腾的锅里，只剩下一只只褐色的蚕蛹。

看着一个个小小的茧子，被一丝丝地抽出，缠绕成为一缕缕的纱线、纱团，小升麟想起了母亲教的李商隐的那首诗中的一句："春蚕到死丝方尽，蜡炬成灰泪始干。"小升麟的心里充满了感动，他还不完全懂这首诗，但永远记住了这两句。小小的春蚕，吃了桑叶就要吐丝，哪怕放在锅里煮，死了丝还不断，就为了给人间添一点温暖。春蚕尚且如此，我们人类，又该如何？

那些抽光了丝的蚕蛹，被家里的仆人捞出来，用油煎炒了以后，拌上盐，再拌上辣椒，当菜吃。

"哈，真鲜啊！"他们吃着，还连声地咂嘴。

可是，小升麟的心里却很难过：

"蚕的命运多悲惨啊！"

第五章
充满阳光的书房

跟着两个哥哥和两个姐姐,小升麟也开始读书了。书房就在二堂旁边,窗外是一个小小的花园。

小升麟喜欢读书,因为他喜欢那位教他们读书的先生。先生矮矮的个子,白白的脸上总是浮现着和蔼的微笑。

每天早晨,小升麟要认上好几个字,下午再读几页书,一天的功课就完成了,很早,小升麟就可以放学出来了。而他的三哥,功课就要多一些。

每天早晨,一走进书房,娃娃们就给先生行礼。

"刘先生。"

先生微笑着点头,把他们迎进书房。

一张长条桌,一人一个方凳子,小升麟和三哥坐在桌前,开始上课。一会儿坐得不舒服了,他们就跪在了凳子上。

那时候,没有专门给小孩子编的课本。先生教他们读的是《三字经》《百家姓》《千字文》,先生一个字一个字地教他们认方块字。

家里有一个专门照顾小升麟和哥哥、姐姐们读书的老书童,他叫贾福,已经有六十多岁了,头发都白了。

母亲曾让贾福传话请刘先生严厉地管教孩子们。可是,小升麟却不知道什么叫严厉。先生是那么耐心,那么温和。小升麟背书背不出,先生就让他慢慢地重新再读几遍;他和哥哥姐姐们,想什么时候放学,就可以在什么时候出去。

就因为这些,因为先生总是面带温和的微笑,小升麟更加喜欢书房。在充满阳光的书房里,看着哥哥和姐姐用功读书的样子,看着温文尔雅、笑意盈盈的先生,看着一团和气、憨憨厚厚的贾福,小升麟也总觉得是那么高兴,那么有趣。

先生还会画画,他绘地图,还画铅笔画。先生还有那么些彩色铅笔,还有许多奇怪的东西,比如现在人们已经习以为常的圆规之类的仪器。这在当时,是很少见的,所以,在小升麟看来,这些东西,又新鲜,又神奇,可让小升麟羡慕得不行。他总想去摸摸这个,碰碰那个。

先生常常给父亲绘地图。小升麟不知道地图是什么,有什么用处,可是,看着先生在一张厚厚的白纸上绘出一条条纤细的黑线,然后又填上各种颜色,五颜六色的,真是又好看又有趣。先生是那么认真,那么专注,他俯着身子,低着头,绘了又擦,擦了又绘,一笔一画的样子,让小小年纪的升麟,在欢喜中又产生了一种敬意。他的眼睛,常常会离开画纸,偷偷地去望先生,心里浮起一个念头:"刘先生也很辛苦啊。"

因为喜欢,有时放了学,小升麟和三哥还会回到书房,去看先生绘图。

看到孩子们又回来,先生也很高兴。有时候,他会将地图和那些新奇的仪器收起来,笑嘻嘻地对他们说:"晚上,我给你们画一个娃娃。"

"不嘛,这就画。这就画嘛!"

犟不过孩子们的乞求,如果这一天哥哥和姐姐们的功课很好,先生就会答应。

先生拿过一个大本的线装书,那是当时出版的类似现在的图画书的《字课图说》,翻开来,把一方裁小了的白纸蒙在上面,一会儿,铅笔底下就出现了一个人,接着出现了房子,还有小花、小草……

然后,刘先生用彩色铅笔涂上颜色。

"来,这张给你!"

欢天喜地地,小升麟或是三哥接过图画,左右端详,心里有说不出的高兴。他们更喜欢刘先生了。

小升麟有一个小木盒子,里面都是这些图画,一张一张的,已经有几十张了。小升麟把它们当作珍宝一般收起来。

那时候的孩子,可不像现在有各种各样的玩具。所以,这些图画就是小升麟最宝贵的玩具。每天早晨起床后,或是晚上睡觉前,小升麟就会把它们翻出来,左一张右一张地看个老半天。

红的、绿的、黄的、紫的，小人啊、小狗啊、小老鼠啊……它们好像活起来了。小升麟和它们一起奔跑，玩耍，躲猫猫……小升麟就在这美妙的游戏中进入了梦乡。

梦中，小升麟还有一张大大的图画，那上面，有狮子，有老虎，有豹子，有豺狼；有山，有洞，有深幽幽的大森林……

这张画，小升麟记不清是在哪本书上见到过，反正是见过的，求了多少回，先生都没给他们画。不过，这一回，耐不住小升麟和三哥好几个晚上的软磨硬泡，先生终于答应了。

于是，一连几个夜晚，小哥俩都在书房里，看着先生画画、涂色。

大哥也在书房里，他每天都要在这里读夜书。可是，空空的书房里，只有他一个人，他不觉得寂寞吗？小升麟看着大哥，心里会觉得有些难过。

忽然，长长的吹哨声从院墙外传来。

停住笔，先生抬起头，倾听着。

嗒，嗒，嗒，嗒，由远而近，传来一阵马蹄声。

"这么黑的夜晚，还有这么多远路要跑？"先生叹息着，怜悯着窗外那个骑马赶路的人。

那是个送鸡毛文书的。那时，还没有现代的邮政体系。有要紧的信函公文，就由专门的人送，那时叫"驿使",其实,就相当于现在的邮递员。不过,这些驿使是骑着马送达那些信函公文的。那信封上,粘上几根鸡毛,因此叫作鸡毛文书。

由于路程遥远,所以,每隔一段路程,就设一个驿站。驿使每到一个驿站,就换一匹马,接着再赶路。所以,驿使快到驿站时,老远就吹起哨子。

"他又该换马了。"先生还在叹息着。

嗒,嗒,嗒,嗒……马蹄声渐渐远去了。小升麟的心里,却也会随着先生的叹息而猜想,那人还要跑多远的路。

终于,等了好几天的时间,那张有着豺狼虎豹、山川密林的大画,先生总算画好了。

小升麟急急赶到书房,可是,他来晚了一步,三哥正满脸堆笑地捧着那张画呢。

"看,先生给我的。"三哥的声音里满是兴奋和骄傲。

可这是小升麟梦见过多少回的,是先生画好了给自己的呀。

小升麟急了,他的小脸红了,快步跑到先生跟前:

"先生,我要!"

先生笑了:"我再画一张给你。"

"不,我就要这一张,非要不可!"

说着,嚷着,小升麟的眼泪流出来了。先生慌着来劝,但不管先生怎么哄,都没有用。

不过，小升麟哭也没用，先生总不能马上就又画好另一张一模一样的画吧。

小升麟也知道不能马上就得到一模一样的画，他开始恨起先生，他开口骂先生：

"你坏，你坏，你是坏人！"

先生也不生气，还是笑眯眯地劝说着。

三哥偷偷地跑开，去告诉了母亲。大哥来了，二姐也来了，还是劝不住，不知怎么弄才好。最后，半拖半抱地，小升麟被拽进了母亲的屋子。

一见到神色严肃的母亲，小升麟好像知道错了似的，他止住了泪，怯生生的，一声不吭。

小升麟从来最听母亲的话。现在，母亲叫贾福领着他回到书房，向先生赔礼；还让贾福告诉先生，请先生打小升麟。

小升麟低着头，乖乖地，贾福牵着他的手，又回到书房。

可是，先生并没有打他，小升麟也没有向先生赔礼。

先生还是笑眯眯的，一见小升麟，就连忙让他坐到方凳上，还弯下身子，给小升麟把散开了的鞋带系好。

晚上，该睡觉了，小升麟爬上床，和往常一样，他又从枕头边上拿出那个小木盒子，仔仔细细地把里面所有的图画都翻看了一遍，然后特别慷慨地说：

"三哥，都给你！"

"真的?你一张也不留?"

三哥喜出望外,却也有些莫名其妙。

"不留!"小升麟毫无留恋。

从那个时候起,小升麟似乎产生了一种"不完全,则宁无"的想法。

也是从那一天起,小升麟和三哥再没有向先生要过图画了。

第六章
惊堂木和青天大老爷

如果没有另一种声音,那在广元的生活真可以说宁静而又欢乐。尽管有因为鸡的兵团的溃散、为蚕宝宝的命运而产生的哀伤,但对于小升麟来说,蓝天下的一切是那么丰富,那么多彩,那么神秘;对于他来说,每一天,都有那么多新的欢乐,新的乐趣,新的愿望……

可是,就在温暖的阳光下,就在院子里,就从那二堂里,常常会传来另一种声音。这声音,有时是那么威严,令人肃敬;有时,又是那么令人畏惧。

"大老爷坐堂!……"

听到这样的声音,小升麟知道,这是父亲要审问案子了。常常是在下午,小升麟就找个借口,从书房溜到二堂上,在公案旁边看着。

父亲端坐在公案前。他穿的是官服,应该是七品官服。可在小升麟看来,穿着官服的父亲显得是那么奇怪,连人的神情都有些变了。

下面两旁站着差人,手里拿着板子。那是竹子做的,有宽的,是大板子;有窄的,是小板子。

两边差人的中间,就是被审的犯人,他是跪在那儿的。有时是一个人,有时是好几个人。

父亲开始发问了。他一句一句地问,问了好多,小升麟可听不明白,父亲为什么要问这些。

被问的人一句一句地回答。可父亲的脸色却渐渐地变了,声音也变得粗重起来。忽然,他用手中的长长的深色木板重重地把桌子一拍,吓了小升麟一跳。

"胡说!给我打!"

两三个差人上前,把犯人按倒在地,褪下他的裤子,露出屁股。一个差人按着犯人,其余的人等着父亲接着发话。

"混账东西!不说实话,先打一百小板子再说!"

那趴在地上的犯人,如杀猪似的喊叫起来。

"青天大老爷,小的冤枉啊!"

"五、十、十五、二十……"两个差人举起小板子,一上一下,一左一右地两边打起来。

犯人的声音里出现了哭腔。

"青天大老爷在上,小的实在是冤枉啊!"

父亲的声音依然是那么严厉。他又是一拍那木板。

"胡说!你招是不招?"

"接着打!"

那犯人的屁股由白变红,渐渐地成了紫色。

"禀大老爷,打到一百了。"差人停住了板子。

"你招是不招?"

"青天大老爷在上,小的无的可招啊!"

"狡猾的东西!不招?再打!"

那血肉模糊的屁股上,又开始挨着一上一下的板子,直到犯人招出口供。然后,还要签字画押。

之后,差人便把犯人牵起来。可是,犯人还要给端坐在公案前的"青天大老爷"叩头,自己或是由差人代说:"给大老爷谢恩。"

看着犯人那连站都站不稳的痛苦模样,小升麟实在不明白:挨了打还要叩头谢恩?

可几乎每次都是这样,只要父亲坐堂,都会在审问了半天之后,一拍那木板:"给我拉下去打!"

后来,小升麟知道,那木板叫惊堂木。

还有一种叫"跪抬盒"的刑罚。犯人跪在抬盒里,犯人的腿、手都被捆到杠杆上,在腿弯里再放上一根杠杆,有时还放上一盘铁链在犯人的两腿之间,然后使劲抽紧。

犯人的脸,由黄变红,由红变青,汗珠,一滴一滴地,从盘成辫子的头发上滴下来,嘴里发出凄惨的呻吟。

小升麟的心都抽紧了,他真忍不住,他在心里叫着:"快放了他吧!"可小升麟不敢叫出口,他实在看不下去了,一转身,从人缝里钻出去,跑出了二堂。

小升麟想不通,父亲平时在家里总是那么和善,从未见过他骂人。可是,父亲在坐堂的时候,为什么就变了呢?

小升麟去问妈妈:"爹为什么会像变了一个人?"

母亲的眉头微微地皱了一下，不过，她还是那样含着笑意，温和地伸出胳膊把小升麟搂在怀里，疼爱地抚着他的小脑袋："小孩子，不要多管闲事。以后，不要再去看爹坐堂了。听话。玩去吧。"

母亲并没有回答他，小升麟还是不明白。

一天，小升麟听见从里屋传来父母亲的说话声。

"人家毕竟也是父母养的，昨天那种'跪抬盒'，我听着犯人的叫喊，一晚上都没有睡好觉。你不觉得难过？"这是母亲温和的声音。

"我何尝愿意多用刑？只是不用刑，犯人就不肯招。唉，刑罚也不是我想出来的。再说，要是不用刑，也怕没有县官的样子。"这是父亲的声音，他好像也有许多苦恼。

"会不会屈打成招？"母亲很有些担心地问。

小升麟在屋外，过了许久，才听见父亲的声音：

"大概不会，我定罪定得很仔细。"

又停了一会儿，又听见父亲坚决的声音：

"我决不错杀一个人。"

不知是不是因为母亲的话的作用，以后，小升麟再没看见父亲用"跪抬盒"的刑罚。大堂两边的站笼里，也经常是空的，偶尔有几个带枷的犯人，也只是蹲在那里。

然而，那样一种凄惨的号叫，那样一种对于"青天大老爷"的谢恩，却让小升麟隐隐约约地感觉到，这世界上，有许多事情并不是那么合理的。

第七章

杨　嫂

天气渐渐地凉了，秋天来了。

夜晚渐渐地长起来了。对于小升麟来说，什么时候，他都是快乐的，而在睡觉之前，他和三哥最高兴的是，又可以听到杨嫂给他们讲故事了。

杨嫂是专门负责照顾小升麟和三哥的老妈子，大约三十岁。她，高高的个子，长长的脸上有一双大大的眼睛，虽然裹了小脚，但做什么事情都很麻利。小升麟和三哥都很喜欢她，因为她总是那么和善，那么善解人意。

记得那回，看着小升麟为那几只鸡那么难受，那么伤心，杨嫂也是那么难受。晚上要睡觉的时候，杨嫂俯下身子，用手轻轻抚摸着小升麟的额头，安慰他说，鸡被杀了，就可以投生去做人。

"真的？"望着小升麟将信将疑的神情，杨嫂特别肯定地告诉小升麟，那只鸡，一定可以去投生做人，因为杀鸡的时候，袁嫂在厨房里给这只鸡念了"往生咒"。袁嫂是另一个老妈子。可什么是"往生咒"呢？为什么念了咒就可以投生呢？

小升麟还是不很明白。可是，杨嫂轻轻的话语，轻轻的抚摸，她的眼睛里流露出的那么深深的同情和爱怜，让小升麟的心平静了许多。杨嫂就是和别人不一样，杨嫂决不会像别人那样嘲笑他。小升麟不再哭泣了，慢慢地睡着了。

杨嫂还喜欢喝酒。每年桑葚熟的时候，她都要泡桑葚酒。每当这时候，小升麟和三哥就会和香儿一起，到草地上拾那满地熟透了的紫色的桑葚。

一边拾一边吃，一边吃一边拾，真是吃得痛快，玩得高兴。带着满身、满手、满嘴、满脸都是紫色的汁液，带着满满的一兜一兜的桑葚，香儿领着小升麟和三哥来到杨嫂这儿。

"啊，这么多，这么好！"

杨嫂的口吻里有惊喜，也有着夸赞。说着说着，她就会拣几颗桑葚放到鼻子上闻着，接着就放进了嘴巴里。

"真好吃。"

甜甜香香地，他们四个人围着桌子吃起桑葚来，又是满手、满嘴都是紫色的汁液。

吃够了，杨嫂站起身："好了，不许吃了。"

撩起衣襟，擦干净双手和嘴巴，杨嫂走过去打开柜门，取出一个酒瓶。

一个一个的桑葚被塞进了瓶子里，装满了一个瓶子，杨嫂又去拿来一个瓶子，然后，又是第三个，第四个。

每个瓶子里都有着大半瓶的白酒。当桑葚放进去以后，酒瓶的下半截变成了紫红色，真好看。

杨嫂还会说许多神仙和鬼怪的故事。晚上，小升麟和三哥常常找机会躲到她的房间里，逼着她讲故事。

公子、小姐、妖精、神仙、侠客……杨嫂的口才好极了，她讲的故事，总是那么有趣生动。小升麟是和母亲睡在一起的，每当听完了故事，杨嫂就燃着油纸捻子，送小升麟回母亲房中睡觉。走在黑暗的石阶上，只听见啪啪的脚步声，那闪动的火苗，总让小升麟觉得，刚才故事中的妖怪就在附近什么地方。一会儿，它会不会出来？想着想着，他不由得会抓紧杨嫂的手，步子也加快了。

过了一段时间，有一天，当小升麟还在梦中的时候母亲又生了一个小妹妹，小升麟就搬到了另一间房子中，和三哥睡在一起。为了陪伴照料他们更方便些，杨嫂也把她的床铺搬到了这间屋子里。

屋子里有两张床，一张是小升麟和三哥睡的，另一张是杨嫂睡的。杨嫂特别爱干净，房间和床铺都被她收拾得整整齐齐。她还有许多规矩，比如，不让孩子们向地上吐痰，不许他们随便在床上翻跟头，不许他们打打闹闹，高声叫嚷。不过，孩子们并不因此恨她，反而很喜欢她，不仅因为她的心肠好，善良可亲，还因为她会讲故事。

每天晚上要睡觉时，小升麟和三哥就站在一边，等着杨嫂把床铺好，然后杨嫂又给他们把衣服脱了，等他们钻进了被窝，就给他们把被子掖好，再把蚊帐放下。可每回

就在杨嫂要放下蚊帐时,两个孩子会一齐叫起来:

"不许走,不许!给我们讲一个故事!"

杨嫂从不拒绝,她笑眯眯地,就在床沿坐下来,开始讲故事。要听完一个故事,而且要听得满意了,这两个淘气的孩子才肯睡觉。不过,多数的时候,就在杨嫂讲故事的时候,两个孩子不知不觉地就扯起了小呼噜,甜甜地睡着了,杨嫂讲的什么都不知道了,也许他们都在梦里见着了。

每天晚上睡觉以前,小升麟和三哥都先在母亲那里读书。当二更的锣一响,小哥俩就合上母亲给他们编的小册子。他们揉着眼睛,打着哈欠,向母亲道了晚安,就走出房门叫起来:"杨嫂,我们要睡了。"

"哎,来了,来了!"杨嫂急急地应着,她高高的身影出现在小哥俩面前。

杨嫂牵起小升麟的手,领着他和三哥去睡觉。杨嫂的手,又大又粗又温暖。小升麟快活地跟着她,已经睡意全消,又可以听到好听的故事了。要不是杨嫂拉得紧,小升麟忍不住想快点儿奔到房中,快点儿钻进被窝,今晚听到的会是什么呢?

在欢乐的宁静中,在兴奋的愉悦中,小升麟度过了一天又一天,似乎总有无数新的故事在等着他,有无数的欢乐在迎接他,小升麟是那么无忧无虑。

可是,有一天,当屋外响起二更的锣声时,小哥俩带着疲倦的神情合上那本小册子。刚想扬起嗓子喊杨嫂时，母亲却说："让二姐领着你们睡吧，杨嫂病了。"

母亲说着，拉起小升麟的手，又让二姐牵起三哥的手，把小哥俩领到他们的房间。母亲吩咐着二姐把小哥俩给安顿上床，又嘱咐他们好好睡觉。

还是和三哥睡在一张床上，可今天，当母亲走了之后，小升麟又睁开了眼睛，望着蚊帐的顶子发愣。一会儿，他转过身子，却见三哥也转过来了身子。他俩就这样脸对脸，互相对望着，谁也不说话。他们俩都在想着杨嫂。

对面床上，传来几声咳嗽。是二姐，她现在就躺在杨嫂的床上，只是被子、褥子和帐子都换过了。她来代替杨嫂，陪伴小哥俩。

可是小哥俩还是不能闭上眼睛，他们总是在想杨嫂。推开屋子靠里面的那一扇窗户，就可以望见杨嫂的屋子。

那里很清静，很寂寞。

就在三堂后面，靠右边的那一排平房中的第四间房子中，那里，没有地板，一张低矮的床，一张破方桌，一盏瓦油灯，灯光如豆，悠悠地闪烁……

杨嫂从前就住在那里，现在她病了，又回到那里，躺在那张床上……

屋外石阶下，夏天那满树浓荫的桑树，现在光秃秃的，毫无生气。

袁嫂和杨嫂住在一间屋里。可是杨嫂病了,她的事情多了,每天睡得很晚,屋子里总是杨嫂一个人。

很久没有看到杨嫂,只知道有医生来给她看过,但她的病还没有好。还是二姐照顾小哥俩,她晚上也给小哥俩讲故事,小升麟渐渐地也习惯了。但是,他还是会常常想起杨嫂。

一天下午,刚从书房出来,三哥忽然把小升麟的衣襟一扯:"我们去看杨嫂去!"

"好!"小升麟毫不犹豫,跟着三哥就跑。

三堂后面,清静极了,没有人看见小哥俩。

"吱扭"一声,小哥俩推开掩着的门。

屋子里黑乎乎的,没有声音。刺鼻的臭气扑面而来,小升麟忍不住皱紧了眉头。

杨嫂躺在床上,盖着一床旧棉被,睡着了。

床前,有一个竹凳子,那上面放了一碗黑黑的药汤。

小哥俩怯生生地慢慢走近那张床。

一头蓬蓬的乱发,纸一样惨白的脸。嘴微微地张着,轻轻地在喘气。一只手,从被子里垂下来,那是一只又黄又瘦的手。

这是杨嫂?小升麟真不敢相信。

像做梦一样,小升麟的眼前,浮现出杨嫂那喜盈盈的笑脸,仿佛听见了那爽朗的笑声。小升麟又仿佛看见了那一大堆一大堆的桑葚,那一瓶又一瓶的桑葚酒。

"杨嫂，杨嫂！"小哥俩一起喊起来。

杨嫂的鼻子里发出一个细微的声音。那只垂下的手开始动了。

杨嫂的身子也微微地动了，嘴里也发出含糊的声音。

杨嫂的眼睛睁开了，又闭上了，又睁得大一些。她的眼睛转着，在寻找着什么。当她发现眼前的小哥俩时，杨嫂的眼睛亮起来，她的嘴角微微地动了一下，好像在笑。

"杨嫂，我们来看你了！"

一丝笑意浮上杨嫂的脸庞，她吃力地慢慢地抬起手，抚摸着三哥的头。

"是你们，你们好吗？……现在，哪个在照顾你们？……"

她的声音是那么轻，那么弱。

"二姐，还有妈妈也在照料我们。"

三哥的声音里带着哭腔。

"好，好……这，我就放心了……我天天都想你们……我怕你们离了我，会觉得不方便……真怕你们磕了碰了的……这就好，这就好……"

"你们真好，还记得来看我……"

杨嫂吃力地说着。她的眼睛一直盯着小哥俩的脸使劲地看着，她的眼神还是那样和善，充满了对小哥俩的思念、惦记和爱怜。

她就这样看着小哥俩，好像今后再看不到他们俩似的。

小升麟的眼泪流下来，他一把抓住了杨嫂的手。那手，冰似的凉。

杨嫂的目光停在小升麟的脸上。

"四少爷，这几天，淘气不？……多谢你们还记得我……"

小升麟的眼泪大滴大滴地落下来，滴到杨嫂的手上。

"不要哭，四少爷，你的心真好……我的病不要紧，过几天就会好的……"

小升麟还是哭出了声。

"好孩子，别哭，"杨嫂抚摸着小升麟的头，"我又不是大花鸡。"

杨嫂还记得大花鸡的事情，她还在开玩笑。

可小升麟还是想哭。

"瞧我的记性！"杨嫂的眼睛向外一转，瞥见了竹凳上的药碗，"我又忘了喝药！"

杨嫂的眉头皱了起来，她撑起身子来端那药碗。

"你不要起来，我来端给你。"三哥抢上前去把药碗端过来。

"啊，凉了吃不得。我去喊人给你煨热！"三哥说着就往外走。

"三少爷，快端回来！冷了不要紧，一样可以吃的。可不要惊动别人，人家会怪我花样多。"杨嫂急得脸都红了，她费力地撑起身子，阻止三哥。

三哥把药碗端了回来。刚走到床前，杨嫂一把夺过药碗，脸俯在药碗上，大口大口地喝起来。

一会儿，她抬起头，把空碗递给三哥。她的脸上泛着红光。她用手把嘴一抹，抹去嘴角的药渣，长叹一声，好像力气用尽了似的，颓然倒了下去。她的眼睛紧闭，不再看小哥俩一眼。她的胸脯起伏，喘着粗气。

她脸上的红光慢慢地褪下去了。

小哥俩默默地站在那里，谁也不说话。

时间一分钟一分钟地过去，屋子里更加阴暗了。

"三少爷，四少爷……四少爷，三少爷……"屋外远远传来香儿调皮的叫喊声。

小升麟拉拉三哥的衣襟，他们俩赶紧跑到屋外。刚走到石阶上，就叫香儿看见了。

"你们偷偷地跑到杨大娘屋里去了。我要告诉大人。"

"你真坏！我们不怕。"

母亲知道了，却没有责备小哥俩，只是说以后不可以再去了，但也没有说出为什么。

日子一天一天过去，可杨嫂的病还是没有好。经过三堂的时候，常常可以听见杨嫂的呻吟声，很奇怪的声音。人们说杨嫂不肯吃药了，还说她发出怪叫。

母亲也因此常常叹气："老天真没长眼睛，杨嫂这么好的人会生这样的病！"

小升麟不知道杨嫂究竟生的什么病,只听见大家都说广元没有好医生。

又一天,小升麟放学刚走出书房,就遇见香儿。她说:"杨大娘疯了!吃虱子,嚼裹脚布!"

小升麟无论如何都不能相信。杨嫂是怎样爱干净的人啊!

小升麟生气地推开香儿。他跑到母亲的屋里,一头扑进母亲的怀里,满脸是泪。

母亲也是满脸泪痕,她紧紧搂住小升麟,抚摸着小升麟的头,转脸对父亲说:"杨嫂不会好了,给她买一口好点儿的棺材吧!她跟我们这几年,对三儿、四儿,是那么好,就跟亲生的差不多!"

杨嫂的疯让大家都很难过。而更让人难过,也很难令人相信的是,大家都在希望一个人死,而这个人却是大家所爱的人。

"杨大娘死了!"

一天傍晚,正吃饭的时候,香儿气喘吁吁地跑来报告了这个消息。

全桌子的人都长出了一口气,仿佛卸下了一个沉重的包袱。然而,谁都无心吃饭了。

母亲的眼里涌出了眼泪。她第一个放下筷子。

杨嫂的身影仿佛出现在了小升麟的眼前。小升麟推开饭碗,趴在桌子上伤心地哭了。

小升麟又想起最后看见杨嫂时,杨嫂说的那句话。他哭得是那么伤心,就像上次哭大花鸡一样。

杨嫂是一个寡妇,她在小升麟的家里做了四年的老妈子。她没有家,也没有亲人。所以,小升麟的父母就把她葬在广元。

小升麟的年纪太小,他不知道杨嫂被葬在了哪里。

清明节到了,母亲叫人带了纸钱到杨嫂坟前去烧。

"阴间大概无所谓家乡吧,要不,杨嫂倒是异乡的鬼了!"母亲感叹着。

听着母亲的话,小升麟好像又看到了杨嫂。三堂前面那一片桑林,桑树正绽出嫩绿的新芽。小升麟呆呆地站在树下,在想,杨嫂跟着我们全家从成都来,却不能再和我们一起回成都,她的坟前有没有石碑?石碑上刻了什么字?

"死",就这样从小升麟的眼前走过。小升麟第一次知道了"死"字的意义。

第八章

成都老家

父亲的任期满了,他辞了官,带着全家,从偏远的广元回到了成都老家,回到了小升麟出生的李家宅院。

李家宅院,坐落在成都北门那条名叫正通顺街的长长的石板路上。这条街道,在清朝的时候,原名为古佛庵街,顺着石板道,街南就是古佛庵,在它的西侧是福音堂,街的北面是大仙祠。平时,这些地方静悄悄的,但一到逢年过节,就在这里举行庙会。那时,庙里的香火格外旺盛,街上热闹得不得了,满街都是人,真可谓游人如织。这条街上,除了几家店铺,多数是做官人家的宅院。李家在这条街上,占地面积最多,名声也最响亮。在李家的西面,原来是清朝末年驻藏钦差大臣凤全的住宅,后来租给了英国作为领事馆;东面则是一家姓赵人家的公馆,再旁边,是云南会馆。在这条街上,有一个醒目的标志,就是那口双眼井,人们常常用"双眼井"来代替"正通顺街"这个名字。

石板路旁,高高的围墙把李家宅院和外面的世界隔离开来。这是一座五进三重堂的深宅大院,和广元的县衙相比,这里更多了几分大户人家的森严和殷实感。在大门的两侧，有一对脊背光滑的石狮子。小升麟从广元回到成都，最先看到的就是它们。立刻，这一对石狮子就成了八九岁的小升麟最喜欢的坐骑。他常常从宅院里溜出来爬上石狮子的光滑的脊背，抠住石狮的耳朵，神气活现，好像一位得胜的将军。

在包铁皮、钉铜钉的门槛旁，在矮矮的台阶下，门前路旁有两个盛满水的方形大石缸。这是那时的富裕人家必备的，当时的人们称之为"太平缸"。黄昏时分，小升麟和堂兄弟们常常吃着刚刚买来的水果或是糖炒栗子，站在水缸边闲谈。不过，这个太平缸并不能保证太平。在那些兵变的日子里，有一天，小升麟就亲眼看见，对面公馆里的一个轿夫，或者是马弁，站在太平缸旁边，在和别人说话。忽然，一颗子弹落在街心，再飞起来，正好弹进那轿夫的胸膛。只见他轻轻地哼了一声，手捂住胸脯，还没等别人反应过来，就倒在地上死去了。什么惊人的动作也没有，这么快，这么容易，一个人就完结了，好像死并不是一件可怕的事情。

一对红纸大灯笼，照着红漆打底的厚实的李家大门。大门上，绘着两位执大刀、顶天立地的彩色门神，还有八个醒目的隶书墨字"国恩家庆，人寿年丰"。迈过那厚实的包铁皮的木门槛，迎面看见的，是那堵白色的高高厚厚的照壁，那上面有一个圆形图案，里面嵌着四个绛色的篆文大字"长宜子孙"。转进去，就是方石板铺成的天井，走过天井就是宽敞的大厅。大厅里灯火通明，人们可以清楚地看到墙壁上的画屏和神龛上的穿戴着清朝朝服的祖先们的画像。每年的除夕，祖父都要带领全家，用从老家运来的浙江绍兴酒，在这里举行隆重的祭祖仪式。这时，家里的女主人，都要按照浙江水乡的风俗，根据年龄的不同穿上素色的或是红色的裙子。这作为礼服的裙子，要等仪式结束后才能解下。

大厅后面，弯进拐门，又经过内天井，经过堂屋，就是上房。左边，是祖父的住处，右边，则是李家长子李道河，也就是小升麟一家的住处。在中门内正对着堂屋的那块地方，以门槛为界，布置了一座精致的戏台。门槛外大厅上，用蓝布帷围出了一块地方，作演员的化妆房间。当家里有盛大的庆典时，祖父就会请来戏班子，在这里搭台唱戏。

再往后走，从一边厢房穿过过道，就是李家的花园。花园的围墙，就是李家巍峨的院墙，挨着墙根的，是仆人的住处和家里的厨房。花园后面，还有一道小门，走进去，就是桂堂，家里人称之为"后堂屋"。在桂堂的窗后，是一片青翠欲滴的竹林。这片竹林，就像广元的那片草地一样，是小升麟少年时期的欢乐的园地！

从李家的花园，就能看出李家的殷实富足。那里，有各种奇形怪状的假山，上面满披着青苔、藤萝，还有一些奇花珍木。从假山的洞穴中穿过，走过花园里的小径，在墙的尽头是上花厅。它的窗台很高，窗棂十分讲究，纸窗中嵌有玻璃，挂着绘有花鸟的绢窗帘。沿着墙往右走，在一个很大的鱼缸旁，有几棵茂盛的垂丝海棠、香椿树、桂树和玉兰树，还有几棵有相当树龄的腊梅树和松树。在松树的旁边，有一口井。松树上有一根短而粗的枯枝，这是李家伙夫挑水的时候，挂带钩扁担的地方。花园里，本来还有一个不小的水池。顽皮的小升麟，喜欢到处乱跑，有一次，不小心掉进水池，险些淹死，吓得祖父赶紧让人把水池给填平了。现在，这里修了一个长方形的花台，栽满了各种鲜花，春夏秋三个季节里，这里总是有着盛开的鲜花，更显得这儿绿意幽幽，葱茏一片，有着无限的生机。

应当说，在祖父的精心操持下，李家宅院的确是很有气势，无论是外观还是内部构造都很讲究的一座大宅院。小升麟出生在这里，他在竹林里玩耍，在花园里嬉闹，无忧无虑地度过了他人生的最初四个年头。当他从广元又回到这个宅院后，又在这里生活了两个年头。不过，此刻，对小升麟这个只有八九岁的小顽童来说，他还不知道欣赏这座宅院；他也不知道，十二年以后，他竟然会成为这个大家族的叛逆者；他更不知道，他会怀着那样的憎恶，诅咒着这个家庭，并且永远离开了这个家庭！当然，他也没想到，他会把他在这里所经历的一切，以那样强烈的情感，不可遏止地倾注在他的笔端……

此刻的小升麟，是高高兴兴地扑进了这个大宅院。这个大家庭里的所有的长辈和兄弟姐妹们,好像都在满脸含笑地欢迎着他;而成都,要比广元大多了!新世纪的风,正强劲地冲击着中国,冲击着成都这个封闭的盆地。多么新鲜,多么新奇!小升麟,这个永远对外面的世界充满了好奇和向往的孩子兴奋地张开他的臂膀,扑向了新生活。

第九章
革命 辫子 大汉旗

这时，正是辛亥革命的前夜。成都如同一锅沸水，爱国保路运动空前规模地爆发了。1911年4月，广州发生了震撼全国的黄花岗起义，七十二位烈士的鲜血染红了珠江三角洲，给清政府以沉重的打击。5月，为了保住摇摇欲坠的封建统治，清政府竟敢冒天下之大不韪，将六年前人民就争得的粤汉、川汉筑路权"收归国有"，转手拍卖给英、法、德、美等帝国主义银行。清政府的倒行逆施激起了广大群众推翻清政府的愤怒烈火。一场轰轰烈烈的保路风潮迅速掀起，其中，四川的保路风潮最为激烈。川汉铁路股东代表在成都成立了"保路同志会"，发表宣言，号召四川人民起来"破约保路"。在革命党人的推动下，8月，成都举行了数万人的保路大会，散发传单，号召罢市罢课、停纳捐税以示抗议，还宣布不承认清政府的一切外债。清政府斥责原四川总督赵尔巽办事不力，另派赵尔丰担任总督。上台不久，这位被称为"赵屠户"的赵尔丰，逮捕了保路同志会的七位首领，并搜查了川汉铁路公司。9月9日，激愤的成都市民高举着光绪皇帝的牌位赴总督府请愿，灭绝人性的赵尔丰竟下令开枪屠杀请愿群众。二十多人当场被打死！一时间，血流遍地，民情激昂，成都全市罢市罢课，各地抗粮抗捐，到处是武装暴动，各路"同志军"纷纷向成都进发。革命党人因势利导，将"保路"运动迅速发展为向赵尔丰讨还血债、推翻清政府的"同志军"武装斗争。就在1911年9月25日，四川锦江下游的容县宣布独立，由吴玉章、王天杰等人建立了由同盟会领导的第一个县政权。它的建立比武昌起义还早半个月！吓慌了手脚的清政府先是派迁居上海的前四川总督岑春煊入川"安抚"，继又派罢职赋闲的前直隶总督端方率鄂军入川"剿办"。端方一走，湖北空虚，武昌革命党人乘机起义，10月10日辛亥革命爆发，随之，全国十余省纷纷"独立"，清政府的统治就此结束。

这一切，对于刚刚七岁的小升麟来说，是很难理解的。对于他来说，回到成都，是回到了一个大家庭，他有了那么多可以一起玩耍的同伴。除了三哥，现在多了好几个堂表兄弟，还有和他年龄差不多的六叔。和在广元不同，现在的书房十分热闹，不光是读书的小伙伴比在广元的书房里多了，而且父亲、二叔、三叔和五叔也常常来这里和教书的先生闲聊。小升麟可以听到许多新鲜的消息。

和广元温和的刘先生不同，成都家塾里的这位龙先生，要激进得多。他大概三十多岁。虽然，他的脑袋后面和当时所有的男人一样，拖着一根细长的辫子，但是，他特别关心时局，拥护革命党。每天，都能听到他关于当时的川汉铁路时局的激愤的言辞。这给小升麟留下了深刻的印象。

这一天早晨，像往常一样，小升麟又来到家塾读书，只见龙先生正在询问在场的人们："听说了吗？"

"出了什么事？"大家都很好奇，很关心。

"那么你们不知道？王大人被革职了！"

龙先生说的"王大人"，是当时四川护理总督王人文，他在成都出席了民办的川汉铁路公司股东会议。会上，股东们群情激昂，他深为感动，上奏清政府悬崖勒马，称"民心不可违"，谁知竟被清政府认为"软弱无能"撤了职。

"我看，这样下去，事情只会愈搞愈糟，"龙先生的话语又开始激扬起来，"不信，你们等着瞧吧！难道，老百姓是好欺负的吗？"

果然，发生了九月惨案。李家大院里，隐隐约约，也能听到外面断断续续的枪声……

赵尔丰发布了戒严令，城门紧闭，时局似乎平定了。然而，龙先生却又带着严肃的神情告诉大家："你们知道吗？同盟会的革命党人夜里偷偷翻出城墙，到成都城外的农事实验场，在几百片木板上写了字，投到锦江里，让它们随波漂流，好让下游各州县的老百姓都知道成都发生的事情。现在，各州县都起来响应了，看着吧，要出大事了呢！"

11月25日,四川也宣布脱离清政府独立。实际上,这是赵尔丰见大势已去,为保存实力,就将政权交给立宪党人,在成都成立"大汉四川军政府",以抵制同盟会领导的革命军。兵权仍然掌握在旧军阀的手中。为了笼络三军,新政府还下令放假十天。赵尔丰的这一行动遭到四川人民的坚决反对,军阀内部又争权夺利,自相残杀,酿成一场可怕的兵变。成都街头,枪声四起,兵士们公开抢劫,杀人放火。地处天府之国,很少听到过枪声的成都百姓,现在如同惊弓之鸟,时时处在恐怖之中。

小升麟也经历了这一场恐怖。

旧历十月十八日,是已故祖母的冥寿。全家人都在为此忙碌着。下午五点钟的时候,父亲正带着全家人在堂屋对着祖母的遗像磕头,忽然,一个仆人匆匆地奔进来,报告说外面发生了兵变,有好几家银行和当铺都被抢了,附近的二伯父家的公馆也遭到兵士的抢劫。

这消息是真是假,大家都顾不上琢磨,堂屋里一片混乱,空气都显得很紧张。

父亲让一个仆人撬开地板,把十几封银圆藏到地板下面,还把好几封银圆藏到了后花园的井里;又有人搬来梯子,把几只红皮箱藏到顶楼板上。

母亲叫人雇了几乘轿子,把小升麟兄妹送到外祖母家里。大哥则陪着父亲守在家里。

母亲抱着小升麟坐在一乘轿子里。偷偷地,小升麟不时地拉起轿帘往外看。

街上的人都在跑,不时地,有几乘轿子迎面撞过来。倒是没有看见士兵。

晚上,外祖母的房中挤满了人,谁也不说话。

外祖母闭着眼睛在念佛。

外面远远传来枪声,半边天都照红了。

忽然,就在附近,响起一片嘈杂的声音,好像是离这里只有十几步远的赵公馆。

打闹声、哭声、枪声、物件撞击声……

全家人都坐不住了。

犟不过外祖母的坚持,母亲带着孩子们翻墙到了外面的菜地。外祖母坚持不走,说是她吃斋念佛这么多年,菩萨一定会保佑她的。

天空通红通红的,树上,乌鸦在叫。不时响起的枪声,离得很近很近。

母亲发出了绝望的叹息。她在担心着外祖母,担心着父亲和大哥。

初冬的露天地,夜里的寒气已经很重了,可是,谁也没觉得冷。

夜深了,好像没什么动静了,母亲带着孩子们来到看菜园的老太婆的茅棚里。她搂着孩子们,睁着眼睛坐了一夜。

天亮了,听不到什么动静了,母亲忍不住,先带着孩子们回家了。

经过这一夜,再见到母亲和孩子们,父亲和大哥分外惊喜。他们告诉母亲,昨天晚上,果然来了十几个士兵,撬开了大门。好在家里早有准备,父亲吩咐家里的十几个家丁身佩长枪。还有在南充做知县的三叔正好回来,带来了两个镖客。他们全副武装,在二门外的天井里守卫着;家里所有的马夫、轿夫、男仆、厨师都做后备,分守大厅、堂屋、厢房、后园各地。撬门进来的士兵们,开始气势汹汹,可当发现那两列荷枪实弹、身强力壮的汉子时,不由得口气软了下来,说是想要回家乡,来借点儿路费。父亲拿出早已准备好的用纸封好的一叠银圆,送给他们:"这点小意思,拿去用吧,弟兄们有困难,谈什么借呢?"

这一叠银圆,一共一百元。这一伙士兵拿了就走了。

谢天谢地。听完父亲的叙述,母亲长长地出了一口气。

以后,也再没有士兵来过。这一场灾祸就这样过去了。地板底下的银圆又重新取了出来,可井里的银圆却不见了。父亲让人淘了两次井,都没有发现。

这一天,也是母亲和小升麟的生日,可是全家没有一个人想到这件事。

不久,同盟会带领革命军平定了这场兵变,成立了"四川军政府"。至此,清政府在四川的统治才算正式结束。

"你们听到消息了吗?"龙先生又在书房里讲新闻。他是那么兴奋,简直抑制不住:"革命军冲进了总督府,赵尔丰当场被抓住,还游了街,杀了头,头就挂在城门口!"

龙先生扬眉吐气的神情感染着小升麟。小升麟也是那么兴奋,他好像也看到了那个"赵屠户"赵尔丰被反绑着游街,又被斩首示众的情形。共和革命成功了!

一个晴朗的下午,仆人姜福找来一把剪发的洋剪刀,不知他是在哪儿学会的剪发手艺,把小升麟和三哥垂在他们脑后的那根细细的、缠着红头绳的硬硬的小辫子给剪掉了。这是小升麟特别高兴的事。这根小辫子,每天是母亲或是老妈子给他梳理,他早就烦透了。

家里的男人,不论老人、孩子、主人还是仆人,陆续都剪掉了辫子;仆人中有个别不愿剪掉的,却不小心在街上被警察强迫剪掉了。最后,一家之主的祖父,也不得不剪掉了辫子。

二叔和三叔也都取下了他们头上的假辫子。他们的辫子是在日本留学时就剪掉的。两年前,他们回国后,只好戴上假辫子。现在,再没有人在背后挖苦他们,嘲笑他们的"秃头",骂他们是革命党了。其实,改朝换代对他们的打击挺大的。二叔原是秀才,在日本留学时学的是法律,回国后,戴过有着红顶子的官帽,曾由皇上"特命",任过有"道台"之称的四品官,他在家里的"身价"比谁都高。革命后,幸而他的古文根基好,又是我国第一批学习法律的留学生,也还有些人来请教他,他就在家里设了个律师事务所。三叔从日本回国后曾在南充当知县,他不像二叔那样循规蹈矩,清政府垮台,他替自己起了个"亡国大夫"的称号,吟诗抒怀;后来大概自己也觉得太不合时宜,就换了个"息影庵主"的笔名,在二叔的律师事务所做帮办,把自己在国外学校里学习的讲义译成中文,"批发"给当地的学生。

弃官回家的父亲,听到"逊清让位"的消息后,就开始带着家人做新国旗,将一大块白洋布摊在方桌上,用一个极大的碗,把墨汁涂在碗口,印一个大圆圈在布上,然后再用一个小杯子用同样的方法在大圆圈的周围印十八个小圆圈。大圆圈里还要写上一个"汉"字,而那十八个小圆圈,代表着当时的十八个省。

小升麟对做新国旗极有兴趣。他站在方桌边,看得津津有味,时不时地还伸过手去,帮着大人拿这拿那,或是争取父亲的同意,自己来印一个圆圈。真是好玩极了!

可是,大概只有一个多月以后,家里人就把这样的大汉旗收起来了。1912年,孙中山领导的中华民国成立了,家里为此又另外做了五色旗。

革命断送了二叔四品官的前程,祖父为此感到悲哀。可小升麟这些小字辈,却为有这许多新鲜事儿,而感到兴奋。特别是大哥,他盼望着能够进新式的学堂去读中学。不久,他终于得到祖父的恩准,进中学读书了。

第十章
欢乐美丽的青春世界

回到成都的时候，小升麟还只是一个贪玩的孩子。在成都以祖父为中心的大家庭里，和小升麟年纪差不多的孩子没有几个，但他这一辈的哥哥姐姐可是不少。除了自己的两个亲哥哥、两个亲姐姐，小升麟还有三个堂姐和好几个表姐。此外，还有一位年纪比他们大不了几岁的六叔和两个表哥。他们都爱和大哥一起玩，小升麟成天跟在他们后面转，又开心又长见识。

大哥已经长成了大人模样。他喜欢和姐姐们一起玩。每次堂姐表姐们来，大哥就忙起来。而姐姐、堂姐、表姐、表哥们和六叔聚在一块儿，却给大哥起了个绰号叫"无事忙"。

踢毽子、拍皮球、讲故事、行酒令，不管玩什么，大哥总是中心人物。在大哥的房里，藏着好几副酒筹。

常常是在傍晚时候，大哥和姐姐们凑在一起，他们用自己的钱买来下酒的冷菜，有时也让家里的厨子炒几个热菜，然后他们就坐下来，围着一张圆桌，喝酒、行令、聊天。他们天南海北地聊，有的，小升麟听得莫名其妙；有的，小升麟听得津津有味。就是在他们的聊天中，小升麟听到了许多许多他从未听过的事情,熟悉了许多许多他未曾读过的书和书中的人物、事情,比如《红楼梦》。那时,他们全家,几乎人手一部《红楼梦》,几乎人人都读过《红楼梦》,除了小升麟这样的小孩子。父亲有一套十六册的木刻本,母亲有一种石印小本,大哥还买了一部商务印书馆新出版的铅印本。评论《红楼梦》,是哥哥姐姐们谈得最多的话题,有时候,他们会为凤姐或是宝钗的品行争起来;有时候,心地善良的二姐、三姐会为孤苦无依的黛玉流下感伤的眼泪;有时候,他们还学着书里的做法,吟诗罚酒。后来,很多年过去以后,在回忆往事的时候,有一位堂姐就写下这样的诗句:"往事依稀浑似梦,都随风雨到心头。"

在李家的院子里,种着许多桂树和茶花,在那些方砖铺成的花径上,长满了青苔。这里,也是青年人欢乐的天地。

秋天来了,一夜风雨之后,地上铺满了一层金沙和银粒似的桂花,浓郁的馨香一阵一阵地随着微微的秋风送入书房,沁人心脾。那秃头的教书先生就像一段朽木,对此毫无感觉。书房里的少女少男们可待不住了。好不容易读完"早书",他们就急急忙忙地冲出书房,撩起衣襟,拾了满衣兜的桂花带回去。

春天到了,满院子的茶花又开了,春风拂动,大朵大朵的茶花飘落到地上,五颜六色,煞是好看。又是熬到放学，小升麟紧跟着哥哥姐姐们，去拾那满地的茶花。手指轻轻一碰，娇嫩的花瓣纷纷散落。不知是谁的主意，兴致盎然的年轻人一齐动手，就用这些花瓣，在花径的方砖上，堆砌拼成了一个又一个的"春"字……

青春是美丽的！哥哥姐姐们的心，就如那迎风摇曳的春花，灿烂而富有生气。生活也因此变得生机盎然，情趣无穷：六叔他们组织了侦探队，三哥他们则成立了新剧团。小升麟都跟在里头凑热闹。

在桂堂的后面，有一片青幽幽的竹林。竹林前，有一块空地。那就是新剧团的舞台。

剧本是几个男孩子自己胡乱编的，六叔、二哥（二叔的大儿子）、三哥和香表哥是主要演员，小升麟和五弟（二叔的小儿子），这两个小孩子只能当配角，或是在戏演出完了以后，来点翻跟头、翻杠杆的表演。戏里面没有一个女主角。观众则大多都是女的，主要是姐姐、表姐和堂姐们。戏票呢，是这一群孩子用复写纸印的，他们想尽种种办法送给别人，并且强迫他们来看戏，而且，不看完不让走。

父亲也被他们拉了来看戏，他也被强迫看完才能离开。不过，父亲好像看得挺投入。后来他还特地为孩子们编了一个剧本，叫《知事现形记》，让孩子们来演。看到三哥、二哥有声有色扮演着里头的两个主角，父亲高兴得哈哈大笑！

《十日》,一份由这些精力无穷的年轻人创办的小说刊物,在李家大院里传阅开来,是六叔、二哥和香表哥三个人合作办的。一个月出三期,每期用复写纸复写五六份。

　　小升麟是这份刊物的第一个订户。在第一期上,有大哥的那篇最得意的哀情小说,还有一篇奉表哥的得意之作。

　　"暮春三月,江南草长,杂花生树,群莺乱飞。"这是大哥的小说的开头。大哥是家里第一个写小说的人,他总是以这类旧句子开头。奉表哥则一般是以"杏花深处,一角红楼"开头,然后,"斗室中有一女郎在焉。女郎者何,×其姓,××其名"。奉表哥的小说总是这一类的公式文章,人物的命运总离不开情伤,还有一封情人的绝命书。把其中的"女郎"改为"少年",就又成了另一篇小说。

　　《十日》上都是这些才子佳人的言情小说,对此,小升麟毫无兴趣。并且,对大哥、奉表哥的写作也不觉得有什么了不起。因为,小升麟发现,他们不过是文抄公。小升麟亲眼看到,大哥他们找来一大堆书,有尺牍,有文选,有笔记,还有当时上海最新出版的流行小说和杂志,摊在那里,左一句,右一段地抄。大哥他们文章中的那些四六句子,不管是描写景物的或是人物的,还有故事的情节和结构都是从那里抄来的,或是从那里套下来的。这样看来,写小说并不费力。不过,看着创办杂志的六叔和哥哥们,那么兴致勃勃地讨论着,那么认真地、一笔一画地绘图、抄写，一页一页地整理，一册一册地装订，小升麟的心里，又是感动又是佩服。

《十日》杂志共出版了三个月，花了九个铜圆。作为订户，三个月中，小升麟得到了厚厚的九本书。

看戏，是李家宅院里人们的又一乐趣。小升麟对此，也觉得挺新鲜。

父亲常常带着小升麟去看戏，那是在可园，演的有京戏，也有川戏。父亲是那个戏园的股东，他有一本厚厚的免费的戏票。座位是固定的，在包厢里，也不用临时去换票。小升麟和哥哥爱看武戏，回家后就在家里学着翻跟头，翻杠杆。有一段时间，大约有两三个月，小升麟和三哥看戏入了迷，每天晚上都要叫仆人姜福陪着，去戏园看戏。

辞了官、在家赋闲的父亲很喜欢京戏。那时成都戏园时兴聘请京班名角加演京戏。这类事情多半都由父亲主持。聘请来的京班名角，登台前总是由父亲请客，在家里的客厅吃饭。有时，他们就在客厅里清唱，饭后，他们常到花园里玩。父亲对这些人很客气，把他们当作朋友，因此，也赢得了他们的信任。小升麟常常跟着父亲到后台演员住的地方去看他们，还去看演员化妆。小升麟因此和演员们都很熟。

在这些演员中，有一个叫张文芳的小孩，大约只有十四五岁，是唱青衣的，很受当时成都人的喜欢。他有一个哥哥,本来也是唱青衣的,后来嗓子坏了,不能登台,就靠着弟弟生活,帮弟弟管着杂事。现实生活中,张文芳完全是个男孩子,没有一点儿女人气,可是在舞台上,他却涂脂抹粉,扮演着各种薄命的女人。小升麟看过许多他演的悲剧,却一点儿也不喜欢。倒是在台下,有一回,快到新年的时候,小升麟跟着父亲来到他们住的戏园,看到张文芳正在练功。他一身短打,束着腰,手里拿着一把木头的大刀舞着,偌大的一片场子,只有他一个人在那里,看着他在那里没有表情地伸长了胳膊小手,看着他踮起脚用迅速且细碎的脚步跑圆场,小升麟望着他不觉笑了。见到有人来,张文芳也停下了动作。小升麟和他聊起来。张文芳好像很愿意和他在一起,他耐心地回答小升麟的问题,还比画着给他看。两个人玩了好一会儿,直到父亲把小升麟带回去。就在回家的路上,小升麟一直在想着张文芳:成天只是练功演戏,就在这样满是尘土的戏台上,他的生活一定是很寂寞的吧?

还有一位川班的小旦,叫李凤卿。他时常来找三叔,说起话来,声音非常柔和、亲切,还写得一手娟秀的好字。虽然,他穿的是男人的衣服,可举止、谈吐都像女人,有时脸上、手上还留着脂粉。

有一回,小升麟看见三叔带着李凤卿在客厅里化妆照相。李凤卿在那里包头,搽粉,踩跷。他先是手执长矛,装扮成一个古代的女将军,后来又改扮为一个着旗袍的贵妇人。三叔将这两张照片放大了挂在自己房中，还在上面题了诗。

照片上的李凤卿艳丽动人，生活中的境遇却很悲惨。不久，他就病死了，只剩下一个妻子，连丧葬费也没有，还是三叔出钱安葬了他。

听二叔说，李凤卿本是一个小康人家的孩子，十多岁时被仇人抢了去，因为家里没能出钱赎取，就被坏了身子卖到戏班子，做了旦角。他曾在南充唱戏，恰好三叔在那里当知县，他们就是从那时认识的。

三叔、二叔都为李凤卿写了挽联。小升麟记得，三叔的挽联中有"……也当忍死须臾，待侬一诀……"的话；二叔挽联的上下联的下半句则分别是"……哪堪一曲广陵，竟成绝响"，"……惆怅落花时节，何处重逢"。

第十一章
母亲：第一位先生

只有十岁，不，还不满十岁，小升麟经历了他人生的第一次沉重打击。

1914年旧历七月的一个夜晚，母亲永远地离开了小升麟。

在此之前，母亲已经病了二十多天。病中的母亲十分痛苦，虽然身体已经动不了了，但一直到最后，她都很清醒。

就在临死前五天，她还叫大哥到一位姨妈那里去借了一对金手镯，因为嫌样子不够好看，过了两天她又叫大哥去还了，另外又重新去借了一对来。这是为大哥将来结婚用的。母亲惦记着她的儿女。就是在那么痛苦的病中，她还没有忘记这些事情。

小升麟和三哥就住在隔壁的房间。每天，他们去看母亲时，母亲都要流下眼泪。母亲的脸上已经失去了血色，可她望着孩子们的那一双眼睛，还是那样明澈，小升麟永远也忘不了。在母亲的最后的目光里流露着那么深的爱怜，就像两盏明灯，照亮着小升麟稚嫩的心灵。

小升麟止不住地流泪，他觉得，在众兄弟姐妹中，他是母亲最疼爱的孩子，可现在，当母亲受苦的时候，他却不能帮助母亲，减轻母亲的痛苦。

小升麟和三哥都没有看见母亲的死。那天晚上，因为母亲的病加重了，父亲就让孩子们早早上床了。等第二天早晨小升麟醒来时，母亲的眼睛已再不会睁开了。

母亲的脸，没有一丝血色。她躺在那里，显得是那样安详，宁静，仿佛是劳累了许久许久之后，沉沉地入睡了。小升麟的眼睛紧紧地盯着母亲，眼泪无声地流下来。

入殓的时候，两个人拿着红绫的两头准备放下去，许多人围着棺材在哭喊。二姐和三姐哭得尤其伤心。

红绫终于放下去了，母亲的遗体被掩盖了。漆匠用木钉子把红绫钉牢，再有几个人抬着棺盖压上去。

二姐和三姐不肯走开，她们哭着，把头往棺材上撞。

夜已经很深了，可是，小升麟还是能听见两个姐姐的哀哀的哭声。小升麟自己也不能闭上眼睛入睡，他的眼泪也是淌了又淌，一点儿也止不住。小升麟哭着妈妈，哭着姐姐，也哭着自己。

清晨，小升麟又被姐姐们的哭声惊醒。小升麟的眼泪又淌了下来，他又想起了母亲。母亲！小升麟含着眼泪，在心里祷告着母亲保佑两个姐姐。

母亲的棺材放在签押房中。灵帏前，是母亲的放大的照片。小升麟久久地望着，呆呆地望着。他在心里想着，这时候，母亲是在什么地方？母亲，在做什么？

小升麟的心，飞起来了。飞得很远很远，好像是去寻找母亲；小升麟的心，又飞回来了，很近很近，就在这里，就在那张架子床上……

从小，小升麟总是和母亲睡在一张床上。那张架子床，热天，挂着罗纹帐子或是麻布帐子；冷天，挂着白布帐子，微微的灯光从帐子外面透进来。方桌上，燃着一盏青油灯。

长长的颈项，圆圆的灯盘，黯淡的青油灯光。有时，灯草上结了黑色的灯花，燃起来，毕剥毕剥地响着。

就在灯光下，一张温和的、圆圆的脸，被刨花水泥得光亮的头发，嘴角微微向上翘起的带笑的嘴。淡青色湖绉滚宽边的大袖短袄，没有领子。

母亲永远是这样的。温和的，微笑的，她从没有骂过孩子们，更没有骂过小升麟。

母亲对小升麟是那么爱怜，亲切，信任。小升麟永远不会忘记那一件事情：有一年春节之前，小升麟随着几个堂哥闹着要求私塾先生提前放两天年假，先生对父亲讲了，父亲又告诉母亲，母亲却说："老四不会在里头。"小升麟刚好走进房间，听见这话连忙转身溜走了。母亲的这句话，比板子、鞭子强得多，它使小升麟永远记住，不能辜负别人的信任！

温柔而宁静，平和而愉快，和母亲在一起，小升麟是那么无忧无虑。夜晚，躺在被窝里，小升麟总爱搂着母亲撒娇；白天，和哥哥姐姐们打闹耍赖，母亲也只是微微笑着皱皱眉头，而只要看见母亲，小升麟就会和哥哥姐姐们重归于好……

天黑了，又该是跟着母亲读"词"的时候了。

一本用白纸订成的小册子，是母亲订的。两个姐姐一人一本，看着姐姐们读，一页一页地翻着，小升麟觉得很好玩。后来，母亲给小升麟和三哥也一人订了一本。

每天，母亲都要在小册子上写下一首词，那是按着顺序从《白香词谱》上面抄下来的。

娟秀整齐的一行行小字，是母亲亲手写的。

就在这张方桌边，就在这盏青油灯下，小升麟和三哥挨着母亲站着。母亲一个字一个字地读着，小升麟和三哥一个字一个字地跟着读，直到可以把一个句子连起来为止。

小升麟的眼前，又出现了那根用牛骨做的印圈点的东西和那盒印泥。每次念完了词，母亲就拿出来。于是，小哥俩跪在凳子上，专心地给读过的词加上圈点。第二天晚上，又是挨着母亲，小哥俩温习着这首词，直到能够把这首词背诵出来。

微风吹拂的夜晚，油灯闪烁的夜晚，母亲的声音是这样温和，这样轻柔。词的韵律，这是小升麟后来才懂的，但母亲的抑扬顿挫的充满感情的声音，却是小升麟童年最美好的记忆，是他童年所听到的唯一的音乐！此刻，小升

麟仿佛看见了那一行行娟秀的小字,又听见母亲在一个字一个字地诵读:

多少恨,
昨夜梦魂中。
还似旧时游上苑,
车如流水马如龙。
花月正春风。

——南唐李后主:《忆江南·怀旧》

春风?小升麟又想起了广元的春天,想起了那带着他玩耍,领着他拾鸡蛋、摘桑葚的那个甜甜的香儿。记得,还在广元,一天下午,三哥不知为什么摆起主人的架子,把香儿痛骂了一顿,还打了她。

香儿哭了,告诉了母亲。

"丫头、老妈子和我们一样,都是人,就是有了错,也应该好好地对她们说,怎么能随便打骂?"

母亲把三哥找来,温和却又是很严肃地和他谈话。

见三哥低着头,不敢说话的样子,母亲又说:"你已经不小了,更不应该打人骂人,以后可不许再这样了。"

母亲叮嘱着:"三儿,你懂了吗?记住了吗?"

三哥吞吞吐吐地,半天才说出来:"我懂……我记住了。"

小升麟的眼前，清楚地浮现出三哥哭丧着脸、香儿在一旁高兴得偷偷笑的样子。香儿也病死了好几年了。母亲，你的话我还清清楚楚地记着，你教我们要善待下人，她们和我们是一样的人。现在，你是去看香儿了吗？

小升麟的眼泪又流出来了。

父亲替小升麟兄弟们为母亲写了一篇祭文。小升麟和大哥、三哥跪在灵前的蒲团上，听着一个表哥念。父亲用文言文写的，很长，小升麟并不都懂。可有两句，小升麟记住了：

"……吾母竟弃不孝等而长逝矣……不孝等今竟为无母之人矣……"

这两句话走进了小升麟的心里。他默默地随着表哥在心里念着这两句话。

大滴大滴的眼泪从小升麟的脸上落下来，滴在蒲团上。

母亲下葬以后，家里的一切又恢复了原状。母亲房中的陈设和以前一样，只是多了一张放大了的母亲的半身遗像。

小升麟总觉得母亲还是和他们在一起。常常，走进父亲的房间，他总是习惯地叫一声"妈妈"，但是，刚叫出口，小升麟就意识到，母亲已是另一个世界里的人了。

父亲的房间突然变得空阔起来。"妈妈"，小升麟的奶声奶气的叫喊，再也没有亲爱的妈妈的柔声的应答，冷漠的四壁却因这喊声更显得清寂，只有墙壁上母亲的照片！

再看到那些有母亲的堂表兄弟们，小升麟的心会痛起来。他深深地感到了没有母亲的悲哀。

母亲也曾打过小升麟，那是在广元。那时，所有的人都喜欢小升麟，都对他那么好，小升麟久久不知道什么叫委屈，什么是痛苦。所以，他对那次挨打记得特别清楚。

那天，是祖父的生日。祖父不在广元，他住在成都，可是全家还是为此忙得不亦乐乎。清扫庭院，燃起香烛，摆放供品。然后，父亲领着全家人，一一向"祖父"——那个空的座位叩拜。父母拜完了，是大哥、三哥拜，然后，是二姐、三姐下跪磕头；轮到小升麟，小升麟却躲进了厨房，死活不肯来。母亲让香儿喊他，他来了却又不肯下跪，还口出"狂言"：祖父人都不见，还行什么礼？当时，全家主仆都在场，有几十口人，大家议论纷纷的，让母亲很为难。母亲拿起鞭子吓唬他，可是，倔强的、被宠惯了的小升麟全不当一回事，他就是不跪……母亲不得已，扬起鞭子抽到小升麟的身上。小升麟穿着棉袄，身上并没有感到怎样的疼，但他感觉委屈，感到不公平！小升麟哭了，而母亲，也哭了……

记忆中，母亲只打过他这一回。此刻的小升麟还很难理解，作为一个封建大家庭的长孙媳妇，母亲受着怎样的委屈，承受着多大的"礼教"的压力。但是，此刻的小升麟，多么希望母亲还在身边，哪怕是再举起鞭子打他！

母亲曾经是小升麟的世界的中心。母亲，不仅精心照料着他的饮食起居，还是小升麟人生的"第一个先生"。母亲教小升麟爱一切人，不管他们贫或富；母亲使他明白，要帮助那些在困苦中需要扶持的人。因为母亲的爱，小升麟有了一颗真挚的心，小升麟狭小的世界变得宇宙般的广大；因为母亲的爱，小升麟懂得了爱与被爱的幸福；因为母亲的爱，小升麟才知道把爱分给别人，才知道要对自己以外的人做一些事情；因为母亲的爱，小升麟有了更多的爱和更多的同情。在小升麟的眼睛里，一切都是可爱的：夜晚在花园上面天空中闪烁的星群，春天在桃柳枝头鸣叫的小鸟，那从树梢洒到草地上面的月光，那使水面上出现明亮珠子的太阳。无忧无虑的小升麟整天尽兴地欢笑，这是个不知道什么是自私的孩子，他在尽情享受着生活的赐予时，也希望别人能够欢笑着享受生活的赐予。而现在，一片阴影悄悄地爬上小升麟的心头，他开始变得忧郁，变得爱思考起来。

也许，父亲察觉了孩子们心头的悲哀，很快给孩子们娶来了一位年轻的新母亲。新母亲对孩子们很好。小升麟对她也很尊敬，但是，总没有那样一种亲情，那一种深深的依恋和眷念。

第十二章

二　姐

失去母亲的悲哀还没有平复，仅仅四个月之后，二姐也永远地离开了这个世界。

本来，小升麟还有一个大姐。但是，在她四岁多的时候，大姐因病夭折了。那时，小升麟还没有出生。所以，二姐就是家里的长女。

二姐和母亲长得很像，模样端正，性情温和，是母亲的好帮手。心灵手巧的二姐，从小就跟母亲学会了许多女红，什么事情都做得又好又利索。母亲有什么事情忙不过来了，总是交给二姐去做，二姐也总是把这些事情做得井井有条。小升麟小的时候，常常是二姐带他。二姐领着他玩耍，哄他睡觉，还给他做许多好玩的东西。

可现在，二姐病了，她躺在床上，一点力气也没有。

二姐得的是"女儿痨"。二姐的身体本来就比较单薄，从广元回到成都后，秋天天气一凉，二姐就总是咳嗽，还伴有潮热，人也渐渐地瘦下来。二姐虽然一直吃着中药，但一直不见好。有一次，二姐一连几天高烧不退，人都昏迷了，把母亲急得要命，幸亏有人介绍母亲请来四圣祠医院的英国女医生，才把姐姐抢救过来。女医生说，二姐得的叫"肺结核",除了吃药打针,还应当耐心调养,尤其是要保持良好的心境。母亲对此很感谢,她特地叫人买了刀叉做了西餐,请四圣祠医院的那几位"洋太太"来家里吃饭。这是小升麟第一次接触外国人。她们都很和气,还会说中国话。

母亲和这几位英国女医生成了朋友。小升麟跟着母亲到那所医院里去玩过,也去看过病。她们送给母亲和小升麟自己做的西洋点心,还有几本书。其中,有一本皮面精装的外国图书,它的装帧和中国传统的线装书完全不同,很让小升麟喜欢。只是,当时他并没有想到要读这书。

二姐服了西药,病情开始好转。可是,不久,母亲去世了,家里和那几位英国女医生就没有了来往。祖父和父亲都不相信西医,他们既怕洋鬼子,又瞧不起洋鬼子,根本想不到要给二姐请西医。

而母亲的去世,让二姐悲痛欲绝。在这个重男轻女的封建大家庭里,母亲是女儿的唯一的保护啊!二姐心里的悲痛无处可说,她只有和三姐两个人相对流泪,而这,也加速毁坏了她的身体。

二姐一天天地瘦弱憔悴下去,脸上没有一点儿血色。她常常提起母亲,可一提起母亲她就哭。自母亲去世,小升麟几乎就再没有看见二姐笑过。

小升麟常常在暗中祷告:"妈妈,二姐多可怜,你可要好好地保佑她啊!"

是的,二姐真是可怜,瘦得那么厉害,凡是见到她的人都在叹息。

父亲请了许多名医来给二姐看病,但病情一直不见好转。

冬天到了,二姐躺下起不来了。

旧历十一月二十八日是祖父的生日。这一天,家里照例要连唱三天大戏。尽管母亲去世还不到三个月,尽管母亲坟上的泥土还没有干,尽管父亲和小升麟的兄弟姐妹们都还没有从丧妻和丧母的痛苦中走出来,但是,他们都必须强装笑颜,为祖父的寿辰张罗庆贺。

全家上上下下为此忙碌了一个多月。戏台就搭在大厅,正是在之前摆放母亲灵柩的签押房的隔壁。天井里摆了几十桌酒席,喝酒划拳看戏,人来人往,好不热闹。

病中的二姐一个人寂寞地躺在屋里。外面的锣鼓喧闹,人声鼎沸,不仅吵得二姐不能休息,更让她在自己的病中格外地想念母亲,更让她感到自己的凄凉。

家里的老妈子心疼二姐,偷偷地给她送去茶水和一些点心。

小升麟也偷偷地溜去看二姐。见到小升麟,二姐紧紧抓住他的手,只是流眼泪,一句话也说不出来。二姐的脸已经瘦成了尖脸,眼睛凹了进去,嘴唇也是干枯无色的。小升麟看了,心疼得心都缩紧了,这哪儿还是在广元拉着他的手从母亲房中出来哄他睡觉、给他讲故事的二姐啊!

天很晚了。看到客人散去了大半，父亲连忙让人把二姐扶出屋，让她不要那么寂寞，让她也看看戏台上热闹的情景。

二姐远远地在台阶上看戏。坐在一把藤椅上，二姐失神的、茫然的眼睛望着前面的戏台。不知她看见了什么。

一会儿，二姐似乎再难忍受，她的头略略一偏，说："我要进去。"父亲赶紧让老妈子把二姐扶了进去。

三天以后，二姐就永远闭上了眼睛。那也是在天明之前。

那时，小升麟正在梦中。那是一个奇怪的梦。不知怎么的，小升麟来到一个坟场，宽阔的空地上长满了青草。在那几棵参天古柏中间，有一座新坟。正是春天的清晨，小鸟在古柏枝头歌唱，阳光在树梢上闪烁，而那坟前的青草丛中，开满了红黄蓝白的各色鲜花，彩蝶在花间穿行飞舞。多么美啊！小升麟陶醉在眼前这美丽的情景之中。站在那里，微风轻轻吹来，送来阵阵花香。真香啊！小升麟弯下腰去，想看看是谁的坟，墓碑上写的是什么。忽然，就在坟后，响起了哭声……

小升麟惊醒过来，他的心扑通扑通跳得厉害。他屏住呼吸凝神静听，哭声依然在耳畔回旋。这，不是梦，这是真的，是三姐的哭声！小升麟感到阵阵心悸，全身发冷。

二姐，从小就领着他玩耍，给他讲故事；他，从小就看着二姐跟着母亲念《白香词谱》，看她用那双灵巧的手帮着母亲做针线……二姐,她才只有十六岁啊。

　　十六岁,正是花季。二姐,她的生命的鲜花还没开放,就萎谢了!

第十三章
木匠老陈

小升麟有着数不清的兴趣。曾经，他要学做木匠。

在祖父的公馆里，常常会有木匠活儿，家里人总是请木匠老陈来做。

木匠老陈有自己的店铺。不过，经常有附近熟悉的人家请他去做活儿，或者打零工，或是做包工。小升麟家里的活儿，一般总是请他来做。听到他来的消息，小升麟只要有空，就会跑到木匠房去。

木匠老陈，大约四十来岁，他的脸特别长，紧挨着左眼下面，还有块伤疤，嘴唇上略有几根胡须。大家都说他长得丑，可是人人都夸他的脾气好。

而小升麟从来没有觉得木匠老陈长得丑。木匠房里，引起他的兴趣的，主要是木匠老陈的那些工具。小升麟以前从没有见过。那有着细密齿轮的锯子、支出两个耳朵的刨子、会旋转的钻子，还有那把斧子，就和图画里的勇猛的武士手中的板斧一样。老陈伸开他那双又大又厚实但是十分灵巧的手，一会儿，抡起斧子劈；一会儿，拉开锯子锯；再一会儿，推起刨子。随着老陈身体的一起一伏，一片一片的刨花曲卷着飞出来，飘落下来。只一会儿时间，

在老陈的脚下，就堆起一大堆木屑刨花，而那一块粗糙的木头，就变成了一方整齐的木块或是一条光滑的木板，再用钻子钻，凿子凿，锉子锉，砂纸打……美丽的窗棂，镂花的壁板……一件件精致的物件，就像变戏法一样从老陈手里出现了。

老陈的手艺真是神奇！小升麟站在旁边看着，专心而又安静，连眼珠也不转。有时候看不明白，他就提出来，老陈总是那么和气，不仅耐心地给他解释，还用手比画着或是做了给他看。小升麟因此更有兴趣，他常常在老陈那里一待就是大半天。

看到小升麟对木匠活儿这么入迷，家里的人没有谁来干涉他，反而称他为老陈的徒弟，父亲还说要送他去跟老陈学做木匠。小升麟一点儿没觉得这是开玩笑，他真的向老陈提出来要学做木匠。

弯着腰，老陈专心地拿着尺子和墨线盒在木板上画线。听到小升麟的话，老陈直起腰，哈哈笑起来。

"哈，真是笑话！少爷应该读书，将来做大官。穷人的小孩才学做木匠呢。"

"为什么？做官有什么好？看，你修房子，做家具，做得多好，这才有趣呢！我要和你一样，做木匠，给自己修房子，爬到上面去，像你一样，爬得高高的。"小升麟认真地说，他心里很有些不高兴。他没想到老陈把他的话当作小孩子的胡说，不相信。

"爬得那么高，有什么好？会跌下来的。"老陈好像开玩笑似的随口说道。可是，说完了这句话，他脸上的笑容消失了。他低下头，开始钉墨线。

"跌下来？"小升麟叫起来，他从来没见过木匠跌下来，"骗人！我怎么没见过？"

看到小升麟认真的样子，老陈把钉好的墨线弹了一下。木板上出现了一道直直的黑线。老陈停住手，温和地对小升麟说："要做好活儿，当木匠的常常拼着命地做。修房子，爬那么高，一不当心，滑了脚，跌下来，不成肉酱，也是一辈子的残废。"说着，老陈弯起身子，用力推起刨子。嚓，嚓，嚓，随着有节奏的声响，一片一片的刨花，从刨刀口翻卷着飞出来落在地上。

嚓，嚓，嚓，木匠房中只有推刨子的声音。

过了好一会儿，小升麟听见老陈低低的声音：

"我爹就是这样跌死的。"

什么？一个人会活活跌死？小升麟怎么也不相信。

"你骗人！那你怎么还做木匠？你就不怕死？"

"不见得做木匠的，个个都遭横死。"老陈叹了一口气，"我学的就是这门手艺，不干这个又能靠什么吃饭？"

老陈抬起头，把脸转向窗外。可是，小升麟分明看见，在老陈的眼睛里涌出了眼泪，一滴一滴地淌下来。

看着老陈流泪，小升麟不知该怎么办，他难受地跑开了。

祖父死后,小升麟进了学堂,每天他都要经过老陈那小小的木匠铺子。

只要老陈在,小升麟都会高高兴兴地叫着跑进去,哪怕只看一眼,再上学堂。放学回来,他就可以在那儿多待一会儿。

有时候老陈不在,只有他的一两个徒弟在做活,钉凳子、椅子或是别的什么东西。

那时正值军阀混战,省城里并不平安。在一次军阀的巷战中,老陈的铺子被抢劫一空。等到平静之后,小升麟看到铺子是开了,老陈却哭丧着脸在做活。他手脚不停地忙着,可生意萧条多了。人们说,他常在晚上去小酒馆喝酒。

老陈的小铺子终于关门了,很长时间小升麟都没看见老陈。听人说他到外县谋生去了,也有人说他去当兵了。

突然有一天,小升麟又在街头看见了老陈。他没什么变化,只是瘦了,黑了,衣服还有些脏。他手里正提着一个竹篮子,里面是木匠用的几件工具。

小升麟高兴得大叫起来:

"老陈!啊,你还在这里!人家说你当兵吃粮去了!"

"我能干什么去!我只会做木匠。一个人,总要安分守己!"老陈摇头叹息着。他的声音里带着悲哀。

看见小升麟,老陈显然也很意外,又很高兴。他微笑着,上下打量着小升麟。

"你好吗？小少爷。可要好好读书啊！等将来做了官，我来给你修房子！"

紧紧地拉住老陈的衣服袖子，不知为什么，小升麟再也说不出话。老陈告诉小升麟，现在他正在他从前的一个徒弟那里做工，这个徒弟现在挺发达的。

老陈告辞走了，望着他匆匆离去的背影，小升麟呆呆地站了许久。老陈的徒弟发达了，可是他的师傅，有着那么神奇的手艺的老陈却在给他的徒弟做助手！

从此，小升麟再没见过木匠老陈。小升麟好像也把老陈给忘记了。

有一天，小升麟听到公馆里的轿夫传来一个消息，南门有一家大公馆在修楼房。楼房修得很大，很漂亮，很有气势。城里的好多个有名的木匠都在那里。很快就要修好了，可不知怎么的，一个木匠竟从楼上跌了下来，跌死了。

是老陈。

心，沉沉的。好像跟着老陈一起，从那高高的楼上落下。

安分守己的老陈，善良的、好脾气的老陈，好手艺的木匠老陈消失了。

又一片阴影投在小升麟的心上。很长很长时间，小升麟都想不通，这么多木匠，为什么偏偏是老陈落下来？为什么，偏偏老陈和他的父亲一样，落进那横死的命运圈里？世界上，真的会有命运吗？这是偶然，还是必然？

第十四章
第二位先生

不知从什么时候起,小升麟已不再是那个懵懵懂懂的小孩子了。小升麟开始用自己的眼睛去看待世界,用自己的想法去评价周围的事物了。他的生活,好像变成了两个部分,他好像生活在两个环境,一个是"上人"的世界,一个是"下人"的世界。而他,更愿意待在"下人"的世界。

门房、马房、厨房,这些下人们待的地方,小升麟常常"混迹其间"。他和马夫、仆人们一起玩耍。他的好奇心强,又爱管闲事,常常问这问那,什么事情都要问出个子丑寅卯。他那充满稚气而又特别认真的神情,让仆人们又好笑又喜欢,他们都亲热地称他为"小稽查"。

在油烟四起的厨房,小升麟饶有兴趣地看着满身油垢的厨子是怎样做出那些好吃又好看的菜和点心;轿夫在马房里煮饭,小升麟就帮他们烧火,把木柴和枯树枝送进柴灶;仆人们打纸牌,小升麟就站在旁边看,还常常手忙脚乱地帮那个每次必输的老唐出牌。而这些仆人们,也把小升麟当作一个可以信赖的小朋友,什么事情都不隐瞒,他们诚恳地向他倾诉他们心里的痛苦,或是坦率地评价主人的好坏；在小升麟需要他们帮助的时候，他们也从不吝惜，从不拒绝。

马房有三四间窄小的屋子。没有窗户，是用竹篱笆隔成的，阳光从竹篱笆的间隙里透进来。这是从前养马的地方，现在轿夫们住在这里。每间房里只能放一张床，还留一块地方做过道。

轿夫们白天在外面奔波辛苦了一天，晚上回来，就在床上的破席子上摆上烟盘，然后把身子弓成一团，挨着油灯那鬼火似的灯光慢慢地烧烟泡。和轿夫们相处久了，小升麟知道，劳累了一天的轿夫们就是用这种办法驱除疲劳、驱除心里的痛苦的。常常，小升麟含着眼泪，在污秽寒冷的马房里的烟灯旁，听老轿夫们叙述他们痛苦的经历；在门房里黯淡的灯光下，听仆人们从心底发出绝望的叹息。和仆人、轿夫们在一起，小升麟知道了他们的欢乐和痛苦，为他们的欢乐而欢乐，因他们的痛苦而愤怒。小升麟看见他们是怎样怀着原始的对正义的信仰，在贫苦中坚强地生活，在苦难和屈辱中挣扎：六十岁的老书童赵升病死了，小升麟看见他那瘦得像干柴似的身子僵卧在大门外的石板上，上面凄凉地盖着一块破席子；老仆人袁成在外面烟馆被警察接连捉去两次，关了好几天才放出来；抽大烟的仆人周贵偷了祖父的字画被赶了出去，最后做了乞丐，每逢过年过节，他就偷偷地跑回来，躲在公馆门前的石狮子旁边，等着机会求先前的同事向旧主人讨一点赏钱，最后因冻饿而惨死街头；一个老轿夫离开了李家，到附近一个亲戚家里当看门人，因为别人硬说他偷了东西，在一个寒冷的冬夜，他愤懑地用根裤带吊死在大门里……

亲眼看着这些没有希望、只是忍受苦刑般生活着的"下人"们悲苦故事的发生，一片又一片的阴影聚拢在小升麟的心头，火一般的反抗思想也在小升麟的心头燃起。小升麟在心里发誓，不做一个少爷，要站在这些痛苦无告的"下人"们一边，要做一个帮助他们的人！

应当感谢母亲，是母亲，宽厚、仁爱的母亲，教会他爱一切的人，不管他们是贫或富；是母亲，教他帮助那些在困苦中需要扶助的人；是母亲，教他同情那些境遇不好的仆人，怜恤他们，不许把自己看得比他们高，不许动辄将他们打骂；也是母亲，允许他和这些"下人"们在一起玩耍、生活。母亲，是他生活中的第一位先生。而现在，在母亲辞世以后，小升麟在"下人"中间，又找到了他人生中的第二位先生。

那是老周。他是公馆里的老轿夫。他的脸，黑瘦黑瘦的，一双眼睛凹陷着，身体瘦得似乎只有骨头，穿着一身破衣服。可是，小升麟喜欢他。小升麟喜欢在夜晚，在马房里，躺在老周的烟灯旁边，听老周讲各种各样的事情。老周有着痛苦却又丰富的经历。因为穷，他的老婆跟别人走了，唯一的儿子打仗战死了，他一个人孤零零地活着。他走过许多地方，见过许多的人和事情。小升麟从他那里听到了许多连母亲也不知道的事情,而且,他说的话和母亲说的完全不同,他从不教小升麟"爱"。老周让他知道了在这个家庭以外还有所谓的社会。他向小升麟描述着社会的黑暗,讲述着自己的痛苦经历,在这个公馆里,他比谁都更了解社会。他忍受着这个社会对他的不公平的待遇。他活着,也只是痛苦地熬日子。但是,他从不抱怨,也不憎恨社会。

记得,就是在那昏暗的马房里,老周在诉说着自己的遭遇,看得出来,他的心里十分难受,可他对小升麟这样说:"虽然世道艰难,但我们做人,总得对得起自己的良心。"老周还说:"我不光是抬轿子,为人代步,其他事情也一样,只要对人有好处,让人家踏着我的身子走过去,我也愿意。"常常,他若有所思地望着那蓝幽幽忽闪着的烟灯灯火,慢慢地,像是对小升麟说,又像是对他自己说:"要好好地做人,对人要真实,不管别人待你怎样,自己总不要走错脚步。不要骗人,不要亏待人,不要占别人的便宜……"望着老周深凹的眼睛,小升麟的心里一阵阵难过。然而,还有另一种东西在小升麟的心里翻腾:究竟是什么力量,能让一个人在经受了这么多苦难之后,在如此屈辱、非人的境遇里还能说着这样的话,有着这样的生活态度!

窄小的马房里还有一个天井,几步就可以跨过去,然后就到了轿夫们的饭厅。其实,就是他们的厨房,有两个柴灶。小升麟常常跑去帮他们烧火。坐在灶前的一块石头上，小升麟不停地往灶孔里塞柴火。并不会烧火的小升麟，常常把灶孔塞得满满的，倒把那本来燃得好好的火给压灭了。小升麟急得把脸凑近灶孔，嘴巴鼓起来，使劲用嘴一吹，"唿"的一下——一股浓烟冒出来，呛得小升麟眼泪鼻涕直往下流；要不，就是一股火苗冒出来，不是燎黑了小升麟的脸颊，就是烧焦了他的头发，"嗞嗞"地发出声响，还有一股难闻的焦味。老周正在灶台上忙着，见到小升麟的这种狼狈相，就弯下腰，蹲下来，用一把火钳在灶孔里拨弄着。他把柴火挑开，稍稍拨弄了几下，那灶火就旺旺地烧起来了。熊熊燃烧的火苗，把老周本来灰暗的脸映照得好像涂了一层油彩。老周的眼睛放出光彩。他放下火钳，对小升麟说道："瞧，烧火就要空心，做人可就要忠心啊。"

马房是潮湿的、阴暗的、污秽的，但炉灶里熊熊燃烧的火苗，老周脸上那微微的笑意，还有他那"人要忠心"的朴实话语，却使小升麟感到分外亲切、温暖和充实。他分明感受到了一颗受尽苦难而又被苦难净化了的心灵！

老周的"忠心"，并不是指像奴隶般忠实于主人，而是指要忠实地依照自己的信仰生活下去。这些被生活亏待了的人们，让小升麟懂得了热爱生活，懂得了生命的意义。越是不富裕的人越慷慨，越是富足的人越吝啬。而人类，却正是靠这种连续不断的慷慨的贡献才存在、才发展的!

相比之下，那些大家庭的主人们的言行和生活显得是那样虚伪、丑恶。对此，小升麟愈来愈感到厌烦和不堪忍受，他总要想法疏远或是逃避。除夕的晚上，当全家人都在灯火辉煌的堂屋里虔诚地供奉神灵、叩拜祖先时，他却躲过人们的寻找，一声不响地躺在阴冷的马房里。

忠实地生活！多少年，小升麟都没有忘记。多少年后，他在《随想录》中说："我是从'下人'中间出来的，我应该回到他们里面去。"这些没有知识、没有"教养"的"下人"们，无论他们的生活多么惨苦，社会地位如何卑下，依然可以放射出光芒；在他们悲惨龌龊的外表下，藏着一个纯洁的灵魂。正是他们，培养了小升麟的正义、公道、平等的观念，培育了他一种具体而又充实的爱，陶冶了他的爽直的性格。在以后的生活中，有谁能知道，这一切，给了小升麟多少生活的勇气和力量?!

第十五章

父 亲

又是春天了,然而,这一年的春天,对于小升麟来说,却满是流血、病痛、枪战和死亡的惨痛与悲哀。

1917年,国内的军阀混战让老百姓不得安生。在成都,整整七天,川军和滇军激烈地巷战。就在这几天,小升麟失去了两个小伙伴:二叔的两个儿子——二哥和五弟突然患白喉病死去了。他们本来是可以不死的,但是因为枪战,街上断绝了行人,请不到医生,只能看着他们躺在家里,病情一天天加重。等到后来,两个轿夫冒着枪林弹雨,背着他们跨过战壕,送到医院时,他们已是奄奄一息了。

没几天,小升麟和三哥也患上了喉症。几乎是在同时,九妹、十妹和父亲也都病倒了。幸亏战事平息,请来了医生,小升麟兄弟俩的病治愈了。但七岁的十妹却没能救活,而父亲,也因为妹妹的夭折,病情不但没好转,反而还加剧了。病中的父亲依然记挂着小升麟,听说小升麟的病好多了,想看看小升麟,就叫人带着小升麟到他的房间去。

父亲躺在床上,他一向平和慈祥的脸,现在变得枯槁憔悴。小升麟走到床前，在踏脚凳上跪下。

父亲伸出手来，抚摸着小升麟的头。

"你好了?"父亲的话语微弱无力，但里面却透着那么深深的关切，"你要乖乖的。不要老是拼命地叫'罗嫂！罗嫂！'"罗嫂是照料病中小升麟的那个老妈子。

望着小升麟病后初愈的小脸，父亲放心了，他微微地笑了，眼泪却顺着眼角流下来："你要常常来看我啊！"

过了一会儿，父亲吩咐了一句："好，你回去休息吧。"

就在第三天，父亲去世了。当他昏过去的时候，小升麟和哥哥们围在父亲的床前，哭着呼唤他，然而，父亲却再不能回答他们了！

夜晚，小升麟和三哥坐在房里，望着黯淡的青油灯光落泪。一会儿，大哥也进来了，他在床沿上坐下，泪从他的脸上流下来："三弟，四弟，如今，我们……没有……父亲……了……"小升麟和哥哥们一起抱头痛哭起来。满屋子都是哭声。

母亲去世的时候，父亲在母亲的坟旁做了一个空穴，那是留给他自己的。现在，仅仅三年之后，他就睡在那里了。埋葬了父亲，小升麟的心里，仿佛空了许多。他常常一个人踯躅在街头。他总觉得父亲就在他的前面，而他，还是依依地跟着父亲走路。父亲平时不喜欢坐轿，常常带着小升麟在街上慢步闲走。多少回，在老家的那些旧街道，一步一步地，小升麟跟着父亲走过平坦的石板路，望着父亲的背影，小升麟会觉得很安全，很欣慰，父亲还是健康的呢！一股幸福的暖流使得小升麟全身都发热了。是的，在失去了母亲、失去了姐姐之后，小升麟对父亲更加依恋了。而现在，每当走到行人拥挤的街心时，小升麟突然意识到，他已是孤零零的一个人了！

街旁的戏园子里传来一阵阵开场的锣鼓声。这响声，像针一般刺痛着小升麟的心。多少回，在戏园子里，小升麟坐在父亲的旁边，一边看台上的武戏，一边听父亲详细地讲解剧中的情节。小升麟则兴奋地边看边听，还不时地随着剧情发出笑声和掌声，或是不假思索地随口讲话，还会跟着其他的观众一起大声叫好。而父亲从不责怪他，父亲的脸上，总是那一副慈祥的笑颜。父亲说话的时候，总是笑眯眯的。父亲笑，小升麟也笑。小升麟从小就有一个愿望，愿在父亲的庇护下做一世的孩子。而此刻，父亲又在哪里呢？

再也没有了父亲的呵护。父亲从来没有打过小升麟。最多是在元旦，父亲会逼着孩子们在红纸条上写几个恭楷字，作为元旦试笔。现在，再没有人来逼着写这些字了。而且，小升麟连上中学的希望也破灭了。祖父一向不赞成送孩子们进学校读书。父亲一死，有谁出来替小升麟说话呢？

父亲的死导致了这个大家庭的第一次分家。原本儒雅、文弱的大哥默默地挑起了全家生活的担子。小升麟这一房，除了父亲自己购置的四十亩地，还从祖父那里分到两百亩田。生活虽然不愁，但是，其他各房的仇视、攻击、陷害和暗斗却让大哥筋疲力尽。小升麟的周围，仿佛发生了惊天动地的巨变。小升麟的眼睛好像突然睁开了，他开始看清楚了这个富裕的大家庭的真面目。这里，变成了一个专制大王国，在和平、友爱的表面下充满了仇恨的倾轧和斗争。这一切，像重重的石块一样沉沉地压迫着小升麟渴望自由发展的心灵。

小升麟满心的郁闷无处倾吐，他开始把全部的时间都用来读书。他开始跟着香表哥读英文。香表哥是亲戚当中难得的一个真挚聪明而又有学识的青年。他勤奋好学，乐于助人。每天晚上，他都到家里教小升麟学英语，还给小升麟补习其他功课，讲各种知识，并且不要报酬。有时候，天色晚了，香表哥就和小升麟、三哥尧林睡在一张床铺上，床小人多，他们就横躺在床上。有多少个夜晚，三个年轻人，或是读书，或是讲解，或是争论，或是商量着什么事情，不知不觉中，一个夜晚很快就过去了。

就这样，度过了整整三年时间。从小在中国古典文学环境中长大的小升麟，现在又读到了《大卫·科波菲尔》（狄更斯著）、《金银岛》（史蒂文森著）等当时所能读到的英文版的外国文学作品。小升麟的心里，永远藏着对香表哥的感激。是他，开发了小升麟最初的智力，使他那颗原本敏感、稚嫩而稍有孤僻的心浸润在知识的海洋里，让他知道了在李家宅院、在成都、在川西坝子以外，还有着广大的世界。

小升麟的身体原本就不是太好。小时候，有一年的大年初二，母亲出去做客了，小升麟不知从哪里找到了许多地老鼠之类的花炮，自己跑到天井里放起来。噼里啪啦的，玩得真高兴！可一不小心，自己的小棉鞋竟也烧起来了。小升麟不知道自己脱鞋，只知道哭着喊叫，等到家里人赶来时，他的脚已经烧伤了一大块。后来，又因为庸医误人，小升麟硬是在床上呻吟了两三个月。之后，他的身体就一直有些弱。现在，在失去父亲的悲痛中，小升麟每日苦读，更是一天天地瘦下去。在父亲死后的一年时间中，小升麟几乎每隔十几天就要病倒一次，整个冬天，他一直在吞药丸。

第十六章

祖 父

仅仅在一年之内，李家死了好几个晚辈，尤其是长子——小升麟的父亲的去世，让祖父倍觉哀伤。白发人送黑发人，这沉重的打击使祖父骤然间衰老了。或许也是因为如此，祖父对小升麟的态度也渐渐地变了。他开始关心小升麟，爱护小升麟。

父亲死后的第二年秋天，小升麟进了青年会的英文补习学校。祖父知道后，并没有干涉。因为他知道学会英文可以考进邮局工作。那儿的工资高，而且逐年增加，还不会因为政变和其他的人事变动而失业。但是，小升麟刚上一个月的课就生了三次病。祖父知道了，就要他在家静养。这时，祖父同意正式请香表哥来家里给小升麟教英文，还嘱咐按月送束脩给香表哥。后来，祖父听说牛奶"养人"，又出钱为小升麟订了一份牛奶，还常常把小升麟叫到他的房间，亲切地问这问那。

以前，小升麟对祖父并没有什么感情。小升麟小时候就记得，全家人无论大小，对祖父连话都不敢多讲。祖父总是相貌庄严，一副凛然不可侵犯的样子。小升麟好像连五句以上的话都没和祖父说过，甚至连笑都不敢笑，常常设法躲开祖父；等到长大一些，见到了许多封建大家庭的丑恶，小升麟把祖父看作是专制、压迫的代表，憎恨着祖父。可现在，祖父的态度完全变了，他变得亲切、和善，小升麟开始对祖父产生了感情。

然而，这样的时间太短了！祖父的精神越来越差，出现了神经错乱的情况。常常，他坐在轿子里面叫人抬着在天井里转来转去。有一天上午，他坐在花厅里把小升麟叫来。他正在写一张纸条：我在花厅冷得很，可催邵、方二公速来救命。他写着"来"字，忽然抬起头来，一本正经地问小升麟，"救命"的"救"字怎样写。小升麟的心里好难过，祖父好像变了一个人，不再是那个令人憎恶的专制者，他变得那么衰老，那么让人怜悯！

祖父的精神错乱和五叔有很大关系。五叔是小升麟第二个祖母的唯一的孩子，长得眉清目秀，并且聪明过人，因而备受祖父的宠爱。任何人都不能批评他，哪怕只是一句话，也会引起祖父发脾气。阿谀和溺爱毁了这个年轻人。五叔的母亲去世得早，一向偏爱他的父亲（小升麟的祖父）盲目地相信他那张能说会道的嘴，任何人的忠告对他和他的父亲都不会起作用。他的父亲不相信他会乱花钱，也没有给他乱花的钱。于是，他想尽办法，去借，去骗，去偷。只要能弄到钱，他不惜一切手段。祖父威风凛凛地在家做一家之主，却不清楚五叔究竟在干什么。终于，因为骗去妻子的首饰无法交还，引起五婶大吵大闹，祖父这才睁开了眼睛,看见了他所不愿意看见的事实。祖父气得浑身打战,胡须抖翘。然而,祖父并没有意识到自己的错误,他只认为他的儿子不学好,对不起他,却始终没有想到是他自己害了儿子。他以为自己有的是钱,而钱不是万能的。当他发现钱并不能解决一切问题的时候,他又改用他的另一个武器:骂。骂累了,他就让五叔跪在地上,命令五叔伸出双手左右开弓地打自己的嘴巴。而五叔,只要能混过眼前的难关,让干什么就干什么,什么丑态都能做出来。最后,五叔赌咒发誓从今以后在家读书习字,再不去找那些不三不四的人。可怜的祖父,居然相信这种"誓言"。但实际上,五叔不到三天就又溜出去了。而五叔的弟兄们,则只能偷偷地劝诫五叔,并且想方设法瞒着祖父;五叔却因此胆子越来越大,花招越来越多,他到任何地方都会顺手牵羊。最后,他在所有亲戚的家里成了最不受欢迎的人,连他的妻子儿女都讨厌他,恨他,把他从家里赶了出去。记得,有一次,五叔又是久久不归,五叔的弟兄们也不热心去找。有一天,五叔突然来了电报,当父亲翻译电报的时候,小升麟这个爱管闲事的孩子当然不愿离开,因此,其中的一句电文他记得特别清楚:"望念手足之情,速汇三百元来。"

五叔的堕落,使祖父"五世同堂"的幻梦彻底破灭了。祖父曾是一个很能干的人。他在做过多年的官以后,"告归林下",买了田产,修了公馆,还收藏了许多古玩字画。他有五儿一女,还见到了重孙(小升麟大哥的儿子)。他希冀着"长宜子孙",却把儿孙们养成了贪吃懒做的寄生虫,在儿孙中埋下了长期争斗的种子。没有人真正爱他,也没有人真正了解他、理解他。

祖父的疯狂越来越严重,但他对小升麟也越来越关切。在临死前的一个月中,祖父经常把小升麟叫到床前。祖父又黑又瘦的老脸,变得愈发瘦削,他的嘴微微张着,唇边的几根胡须上有口沫在发亮。在他的高高的颧骨上嵌着一对深陷的大眼睛,时睁时闭。小升麟的心里一阵阵难过,此刻的祖父显得是多么衰弱、可怜!

见到小升麟,祖父睁大了眼睛,脸上渐渐地露出微笑,可这微笑也是这样无力、凄惨,大而混浊的眼泪从他的眼角慢慢地淌下来。

就在这一年的最后一天(旧历),在疯狂和孤寂中,祖父悲哀地告别了人世。在最后的时刻,祖父的嘴唇抖动着,脸上的筋肉迟缓地抖动着,他用低微的声音,嘱咐着守在他身边的几个年轻人:"……你们要好好读书……路是很长的……我还要走很长的路……那样好的地方……我从来没有见过的那样好的地方……你们听见了吗……那么好听的音乐……我要先去了……"祖父的声音越来越低,最后,他的头一垂,再没有一点声响了。

当新年的爆竹声响起的时候,当人们欢天喜地地庆贺新春的时候,李家宅院的人们却匍匐在灵前,哀哀地哭着死去的祖父。

这悲哀,有一半是假的,因为就在一个星期之后,几位叔父就在祖父的房中开始分遗产,并且就在他的灵前。他们为遗产而发生激烈的争吵……

小升麟哭得很伤心。仅仅十五岁的少年,真诚地悲悼着曾经挚爱过、关怀过自己的祖父。但是,一个念头也强烈地产生:人,应当靠自己劳动养活自己。祖父让子孙过寄生生活,害了子孙,也害了自己,这是最愚蠢的事情……

小升麟获得了自由。祖父像一个旧家庭制度的最后的卫道士那样消失了。从这一天起,在这个家中,再没有一个人可以支配他的行动了。

第十七章
平生的第一封信

俄国十月革命一声炮响,给中国送来了马克思列宁主义。1919年,在苦难的中国大地上,响起了反帝反封建的五四运动的怒吼声。它犹如惊蛰的春雷,惊醒了地处偏远的川西平原;就像一把火炬,照亮了李家宅院里的这一群渴望新生活的年轻人的心田。

小升麟和大哥尧枚、三哥尧林,还有香表哥、堂房的六姐一起,如饥似渴地阅读着他们所能找到的一切有关北京、上海等地学生运动的报纸杂志。除了由陈独秀、李大钊主办的《新青年》《每周评论》,还有《新潮》《星期评论》《少年中国》《少年世界》《北京大学学生周刊》《实社自由录》《进化》,以及在成都出版的《星期日》《学生潮》……大哥甚至还拿出一二百元钱存在成都市内唯一一家代售新书报的书铺华阳书报流通处,以便随时拿回新出版的书报。

每天晚上,这些年轻人聚集在一起,他们仔细地阅读这些书报,热烈地讨论着其中谈到的各种问题。抨击封建礼教,揭露军阀统治,反对旧文化旧道德,提倡科学与民主,提倡新文化新道德……这些新的思潮、新的理论,尤其是其中关于个性解放和个人自由、婚姻自由和男女平等的理论，对于他们这些幼稚的青年人来说，似乎有一种不可抗拒的力量，让他们为之激动，为之振奋。小升麟觉得它们常常在说着他们想说而又不会说的话。在这些日子里，连一向消沉、逆来顺受、主张"不抵抗主义"的大哥也好像变了一个人，他的久已被遗忘了的青春，好像又被唤了回来。

如火如荼，新世纪的风扑面而来。新文化运动的旗手高举"德先生"（民主之意）、"赛先生"（科学之意）的大旗，掀起了时代的狂潮。"要拥护那'德先生'，便不得不反对孔教、礼法、贞节、旧伦理、旧政治。要拥护那'赛先生'，便不得不反对旧艺术、旧宗教。要拥护'德先生'又要拥护'赛先生'，便不得不反对国粹和旧文学。"你听，"铁肩担道义，妙手著文章"的李大钊发出了"变'人'之文明为'我'之文明"的号召。他说："就物质论，只有开新，断无复旧；就道德与物质的关系论，只有适应，断无背驰。……物质既不复旧，道德断无单独复旧的道理，物质既须急于开新，道德亦必跟着开新。"你听，鲁迅先生在说："现在许多人有大恐惧，我也有大恐惧"，"许多人所怕的，是'中国人'这名目要消灭；我所怕的，是中国人要从'世界人'中挤出"。

面对着这一切，只有十五岁的小升麟，也好像"睁开了眼睛，看到了一个崭新的世界"。这世界，让他既感到豁然开朗又有些惊慌失措。他的脑筋还很单纯，还缺乏判断力。但是，他还是敞开胸怀尽量吸收，只要伸手抓得到的新的东西，他都恨不得一下子吞进肚子。曾经，他多次听说或是读过的东西，现在对他都有了新的意义。林则徐虎门销烟；魏源放眼世界，"师夷长技以制夷"；康有为、梁启超变法维新的呼号；谭嗣同仰天大笑，为变法慷慨捐躯，"去留肝胆两昆仑"；"革命军中马前卒"的邹容壮怀激烈；陈天华愤而蹈海撞响《警世钟》，发出《狮子吼》；孙中山、章太炎、黄兴……还有多少志士仁人，以自己的鲜血、生命，才换回这新世界的曙光！"天下安危，匹夫有责，先知先觉，义岂容辞！"

祖父去世已有半年了，家庭对小升麟的钳制已略有放松，他已与三哥一起考入了香表哥念书的那所外国语专门学校。因为没有中学毕业文凭，小升麟只能做一个旁听生，但他很快就以自己的聪慧、努力赢得了老师和同学们的喜爱。

入校不久，小升麟从一位姓陈的朋友那里得到了一本《告少年》的节译本。这是著名的俄国无政府主义者克鲁泡特金在流亡瑞士时写的。克鲁泡特金受 19 世纪 60 年代的革命民主主义思潮的影响，放弃了自己的巨大家产，放弃了他的亲王身份和在宫廷中的锦绣前程，而到西伯利亚服了五年苦役，并在西欧流亡数十年。正是在底层的生活，使他得出了"人民一旦起来，哪怕是只用镰刀做武器，他们也会能有作为"的论断。在《告少年》中，他对医生、科学家、律师、工程师、教员、艺术家的职责进行了分析。他提出，这些人如果要使自己的本职工作有益于社会，就必须"亲自到民间去"，投身于变革私有制的社会革命。他在书中说："社会革命，会把一切奴隶制度完全破坏，会把一切镣铐打断，会把一切旧传统完全打破，给人类全体开辟新天地，到后来就会使真正的平等、真正的自由、真正的博爱实现在全人类社会里。那时候，人人都有工做，人人都能享受自己的劳动成果，人人都能尽量发展自己的能力；大家终于能够过着合理的、人道的、幸福的生活了！"

想不到世界上还有这样的书！它号召青年们到民间去，联合"一切受苦受罪受人侮辱的人"，"像大海大洋一般"，"一切暴君都会跪在我们的脚下"。这里全是小升麟想说而没法说得清楚的话。书中的笔调几乎要把这个十五岁的孩子的心烧成灰了。这不分明就是童年时母亲"爱一切人"的教诲，是轿夫老周的"人要忠心"的忠告，是渗透在《说岳全传》《水浒传》和《古文观止》中《报刘一丈书》等书中的那些疾恶如仇、爱憎分明的正义感么？而在这里，还有他未曾听说过或是读到过的那么美好的未来。就像一道灿烂的阳光，小升麟觉得，"从《告少年》里我得到了爱人类爱世界的理想，得到了一个小孩子的梦幻，相信万人享乐的社会就会和明天的太阳同升起来，一切的罪恶都会马上消失"(《忆》)。小升麟把这本小册子放在枕边,每夜都拿出来翻读。常常是读过了流泪,流过泪又笑。他实实在在地体会到了"天下第一乐事,无过于雪夜闭门读禁书"。

可是很快,小升麟就不满足于"闭门读禁书"了。他希望以行动来表现他的热情,用事实来证实他的理想。但是,该如何迈出第一步呢?小升麟反复地翻阅这本小册子,译者的名字是"真民",但书上没有出版者的地址,不过给他这本小册子的人告诉他,可以写信到上海《新青年》杂志社去打听。

夜深了,小升麟毫无困意。青油灯下,他郑重地摊开信纸,奋笔疾书。怀着战栗和求助的心情,他给《新青年》的编者写信。这是他一生中写的第一封信,他写得是那么认真,那么投入,他要把他全部的心灵都写进去。就在《新青年》上,他曾读过陈独秀的《敬告青年》,还读过陈独秀的《文学革命论》《孔子之道与现代生活》,那是怎样犀利激扬的文字!现在,小升麟用他刚刚学会的时兴的白话文,表达着"一个谦卑的孩子"的炽烈的情感和愿望,"恳求他给我指一条路","等待他来吩咐我怎样献出我个人的一切"。

信发出去了。小升麟天天焦急地盼着回信。然而,回信却始终没有来。或许是因为工作忙,或许是因为给他写信的人太多,陈独秀没有给小升麟回信。小升麟感到很失望。好在，小升麟并不抱怨。他想，或许是他还不配做这样的事情。

小升麟并不因此灰心。不久，他在上海的《申报》上看到一则关于赠送读者《夜未央》的广告。他寄去了邮票，书很快就寄来了。这是波兰人廖托夫写的一个关于俄国革命的剧本。剧中描写了俄国虚无党人为反对沙皇罪恶统治而进行英勇斗争的故事。剧中的女主角亲手点燃了信号，通知自己的爱人携带炸弹冲上前去，把敌人的总督炸死，爱人也随之英勇牺牲。

一个新的境界，一种崇高的献身精神深深地震撼着小升麟！他第一次在另一个国家的青年为人民争自由谋幸福的斗争里找到了自己梦境中的英雄，从此，他找到了自己终身的事业。《夜未央》对于小升麟的影响是这样巨大，他把这本书当作宝贝一样地介绍给自己的朋友。他们还在一起，一个字一个字地将它抄录下来，并认真地排练演出。后来，他还于1930年和1937年两度翻译这个剧本，把它介绍给更广大的中国读者。

不久，小升麟在成都出版的《半月》杂志上，读到了一篇《适社的旨趣和组织大纲》。那上面提出，要研究"适应人类全体生存的要求"，建立一个"各尽所能，各取所需"的社会的意见，正是小升麟朝夕梦想的。到了夜晚，他又一次取出笔和纸，怀着激动的心情写信给《半月》的编辑，希望加入"适社"。

这一次，回信很快就来了，并且是在信发出后的第二天，一个编辑亲自送来并约他去指定的地方谈话。小升麟毫不犹豫地去了。在那个小小的客厅，小升麟见到了几个热情的青年。他们把他当作一个知心朋友。这里，简直成了小升麟的天堂。短短两个小时的谈话，使小升麟倍感振奋。他好像一只被风暴打破的船找到了停泊的港口。他情绪激昂，带着幸福的微笑回到了家里。

从此，小升麟的生活有了一种新的意义。他和那几位青年结成了亲密的朋友。他成为《半月》社的同人，后来也成为其中的编辑。此外，他们还组织了一个团体：均社。办刊物、写通讯、散传单、印书、开秘密会议，这些年轻人严肃而紧张地忙碌着。多半是在夜晚，忙完了各自的学习和工作后，他们聚在一起，开始一次友爱的"家庭"式的聚会。这里，和李家宅院的那个家完全不同。这里没有血缘关系，把他们联系在一起的，是友谊，是信仰，是热诚，是理想。这里，只有赤诚的心与心的交流，完全没有利害关系的束缚。走进这里，小升麟不再孤独，不再寂寞。他爱这里，爱这些伙伴，也为伙伴们所爱，并且，为他们所信赖。小升麟真希望，永远和他们在一起。

每到聚会的晚上，小升麟要走过几条黑暗的街道来到一个商场的楼上，《半月》社就在那里。他们卸下铺板，打扫干净房间，然后就开始回复读者的信件，他们还准备了一批新书报免费给读者借阅。开秘密会议的时候，小升麟会在单调的狗叫声和树叶的飘落声中，故意东拐西弯，在黑暗中走很远的路。有时候，他的心紧张得要从口腔里跳出来，而终于到达会议地点时，朋友们会相对微微一笑，在友情和信仰的追求中，忘记了黑暗与害怕。

"五一"节来了，小升麟和同伴们印了一种传单，在离自己家很远的街巷里走来走去，把它们散发完了，又在街上假装悠闲地溜达一会儿，确定没有人跟在后面，这才放心地回去。为了把攻击当时统治省城的军阀的传单贴到几条主要大街的墙壁上，小升麟夹着一大卷传单回到家里。晚上，他悄悄地带着家里的一个小听差来到十字街头。小听差端着一碗糨糊，小升麟抱着传单，见到墙上有空白的地方就刷上糨糊，贴完后，就赶紧溜走，好在没有人来干涉他们。好几次，当他们贴完传单走开后，再回头看时，有一两个黑影子正站在那里读他们刚刚贴上去的传单。小升麟紧张的心里又涌起了几分欣慰，要在黑暗中一个字一个字地读完传单上的内容，并不是一件容易的事情啊！

一种共同为事业献身的渴望把这些年轻人牢牢地系在一起。在他们的心里，有着一个美好的愿望：他们随时准备着牺牲自己，而这样的牺牲，必然会换来理想的新世界，它会和明天灿烂的太阳一同升起！这是多么孩子气，却又是多么美丽的梦幻啊！

第十八章

第三位先生

你见过夏天穿着厚厚的棉袍,而冬天穿着薄薄的单衣从闹市中穿过的人吗?

小升麟见过这样的人,可他并不认为这个人不正常,相反,他还对这个人有着深深的敬意,并把这个人称为"我的第三个先生"。

这个人叫吴先忧,是小升麟刚刚结识的那些年轻而热情的朋友中的一个。而且,他似乎是其中最热心、最执着的一个。每天,当夜幕降临,这些年轻人来到那间商场楼上的空房间,卸下铺板,清扫灰尘时,总能看见他忙碌的身影。朋友们如果工作中有了困难,总是他第一个伸出援助之手。他是一个很有才华的人。在当时,是很少有人用白话文写作的,可他已经在用白话文写新诗、创作话剧剧本了。他又是一个言行一致、异常严谨的人。他对当时中国著名的无政府主义者刘师复非常钦佩,对他提出的心社的十二条戒律也十分信服。他不仅信奉着其中的不吸烟、不饮酒、不用仆人、不做官吏等戒律,对不食肉、不坐轿及人力车等戒条,他也身体力行,一点也不含糊。他是小升麟就读的外国语专门学校里的同学,不过,他比小升麟的年级高。等到小升麟入学的时候,他已经辍学了。他的家境不是太好,父母都已经去世,他靠姐姐抚养。虽然姐姐尚有能力供养他读书,但是他辍学,就是为了响应当时很流行的"不劳动者不得食""劳动神圣"及"人的道德为劳动与互助:唯劳动乃能生活;唯互助乃能进化"的主张。为此,他脱离了学校,来到一家裁缝铺里规规矩矩地行了拜师礼,订了做徒弟的契约。他每天辛辛苦苦地学着做衣服,晚上下工以后才有时间来和大家一起聚会工作。他初学手艺,又是个近视眼,因此,大家每次见到他,总能见到他的手上的密密麻麻的针眼,而他自己毫不在乎,总是谈笑风生地说着他这一天的有趣的见闻。对他这样的苦行,同伴们并不都赞成,但是,对他的刻苦的毅力和精神大家都十分敬佩。小升麟更是打心底里佩服他。

当小升麟加入《半月》时,《半月》已经办了十多期,现在,又该出新的一期了。每期的《半月》大约印销一千份,因为刊登的都是当时新文化运动的最新消息,所以很受青年读者欢迎,每期都有好几百读者订阅。但因为他们的售价定得很低,同时还有许多份是作为赠品送给读者的,所以,他们只能收回来部分成本。每一期都需要大家拿出自己的钱来凑齐出版印刷费用。现在,经费又出现了问题。上一期的印刷费还没付清,如果不付清,印刷厂的老板是不会答应再印这一期的。

就在同伴们为难的时候,只听见一个声音:

"不要紧，明天，我给他们送去。"吴先忧斩钉截铁地说着，好像很有把握。

同伴们都停下了手中的工作，一起看着他。上一次的印刷费就是他想的办法。为了办这份刊物，他花了许多心思，想了许多办法，出的钱也最多。他几乎把他在裁缝铺的全部劳动所得，都拿来作为办刊物的经费了。

果然，第二天，吴先忧就把钱凑齐送到了印刷厂。而晚上，当大家又聚到一起时，吴先忧忍不住哈哈大笑起来。他说："今天，我可是做了一件有趣的事情。早晨出门时，你们猜，我穿的什么？"

"今天早晨，哈哈，我居然在箱子里找着了一件棉袍子，太好了！我就那么把它穿在了身上，大夏天的穿棉袍，太笑话了！我姐姐见了，眼睛瞪得这么圆，我说我冷，一定要穿着它出门，她也拿我没办法。我就那样穿着棉袍从从容容地走出家门，装得很冷的样子，其实呀，热得要命！浑身都是汗！而且，棉袍怎么那么重啊！好在当铺离我家不远，等我脱了棉袍再从里面出来的时候，真是轻松，真是舒服啊……又有钱了！"说完，他又高兴地笑起来。

"那……那你姐姐回来问起来怎么办？"小升麟担心地问。

"噢，这呀，我都想好了。就说后来我又觉得热了，就把它脱在朋友家里了。姐姐不会疑心的。再说，就是瞒不住了，跟她说实话也没关系，说不定，她会替我把棉袍赎回来呢！"吴先忧还是那么朗朗地笑着。

同伴们都笑了，一时间，小小的十几平方米的房间里充满了年轻人的笑声和欢乐。小升麟想起来同伴曾经告诉过他，吴先忧的姐姐对他很好，但是不允许他乱花钱。而他为了办刊物，常常去当铺，或是当皮袄或是当棉衣，还曾有过，冬天他只穿一件薄薄的夹袍，冻得直呵手，直跺脚。

望着吴先忧有着密密麻麻针眼的手，看着他笑意吟吟的脸，一种深深的敬意在小升麟的心头油然升起。他似乎明白了，这位并不比他大几岁的兄长，为什么能有那样的勇气自找苦吃，为什么会有那样的毅力和自我牺牲精神。是的，这是信仰的力量，这是信仰的花朵！

小升麟还有一位十分敬仰的师长。他是成都高等师范学校的学生，名叫袁诗尧。他是当时进步刊物《学生潮》的主编，又是《半月》的骨干分子，在成都地区的新文化运动中，他是冲锋陷阵的一员猛将（后来，他不满足空谈革命，接受了马克思列宁主义，参加了中国共产党，1928年，被四川军阀残忍地杀害了）。和这样的朋友们在一起，小升麟有着说不出的快乐！这和他的家里完全不同，这是他从未感受过的和谐、友好、新鲜、向上！小升麟以无比的热情，甚至可以说是以一种狂热投入了这个集体，投入了这些工作。就在这一年的4月1日，在第17号的《半月》上，小升麟发表了他的第一篇文章，题目是《怎样建设真正自由平等的社会》。他以一个十七岁孩子的直觉大胆地否定了整个现存社会制度，憧憬着一个理想的乐园，在那里，各尽其所能，各取其所需……凭着"一股傻劲"，他号召人们："推翻那万恶的政治。那时这自由平等的社会就要实现了！若是再一味地隐忍，那么，你们就要成为资本家的鱼肉了！"

写这样的文章，小升麟是那样的兴奋、自信、无所畏惧，甚至，他感到骄傲，他是在向这个不合理的社会挑战，他不再是一个幼稚的孩子，他已长大了，成熟了。他觉得："为一篇文章杀头也算不了一回事。"（《觉醒与活动》）他常常用法国著名的资产阶级革命家丹东的一句名言来鼓励自己："大胆，大胆，永远大胆。"他要为自己的信仰、自己的追求奋斗！虽然，这信仰带有许多空想的成分；虽然，这追求有许多不切实际的色彩。但是，热心、激情，是多么美好的东西，它又能够创造出怎样美好的明天！

也就在这一期《半月》中，人们在《本社社员录》中看到了他的名字：芾甘。这是父亲给他起的，取自《诗经》中的《召南·甘棠》。沐浴着时代的阳光雨露，这一棵挺拔的小树苗，正在抽枝长叶，茁壮成长！

第十九章

叛逆者

1923年的春天来了。这是一个多事之春,小升麟永远不会忘记。阴历的二月十二日,也就是民间所说的百花的生日——花朝的那天,在李家宅院的花园里,白色的玉兰花粲然开放。然而,没有人注意到这满树满枝灿烂的白色的玉兰花,只听见大炮声、屋瓦震落声和家人的惊叫声。成都又一次发生了枪战。城外的军队用大炮攻城。李家的好几间屋子都被炮弹炸毁了,到处都是灰尘。一家人四散惊逃,不知道彼此的生死。

上午十一点钟。小升麟起初还在大厅里转悠,听说家里的人大多躲在后花园里,小升麟就跑到后花园旁边的书房里。教书先生正在那里,却没有学生读书。一会儿,三哥也来了,大家都不说话,只是静静地望着屋外的玉兰花,听着春雷似的炮声从屋顶传来。小升麟躺到床上。头顶着床背后的板壁,听着炮弹声的时候,小升麟就会想:这一次,它会不会落到自己的头上?那时,一瞬间,自己就将和人间隔了一个世界,落在永远的黑暗和寂寞中!小升麟的心里,充满了悲哀和痛苦。他并不是怕死,怕的是徘徊在生与死之间的那种不定的情形。此刻的小升麟,多么希望离开，离开这满是灰尘的家，离开这没有生气的家！

十九年了。在这个曾经充满了爱和温暖的大家庭里，自母亲、父亲去世以后，随着小升麟一天天长大，他也一天天地看见了这个大家庭里的丑恶和污秽。他看着五叔和其他的长辈们靠着祖父的财产过着奢侈、闲懒的生活，吃喝嫖赌，坐吃山空。他目睹一些可爱的年轻生命在这个家庭里横遭摧残，最后悲惨地死去。尤其是那些终日关在家里的女性，她们就像是关在笼中的小鸟，永远见不到广阔的天空。不管是小姐还是丫鬟，她们一个个都被逼着做了牺牲品。已经是民国初年了，可他的一个表姐，还是抱着牌位成亲，到她的从未见过的亡故的未婚夫家里去守节。二叔中过举人，到日本留过学，在清朝做过官，可他竟然不许他的女儿读书，却强迫她缠脚！听着那个小妹妹的哭声，看着她举步维艰的情形，小升麟的心里充满了怜悯和愤怒。还有一位远房亲戚家里的姐姐，因为死了父亲，家境不是太好，没有"父母之命，媒妁之言"，只好"带发修行"。在小升麟的记忆中，永远有着她穿着玄青色缎子背心、眉清目秀却永无笑容的印象。

就在一个月前，小升麟参加了三姐的婚礼。由于父亲、祖父接连去世，家里忙着操办丧事，没有人想起三姐的婚事，以至耽误了三姐，虽然三姐不过二十出头。那时，男子娶妻，女子出嫁，就像抓彩一样。尤其是足不出户的女孩子，嫁的人家，是好是坏，全凭运气，因此，旧时女子出嫁上花轿时的痛哭不是没有道理的。当时，三姐的哭声特别凄惨，她上轿时挣扎得特别厉害，看见的人都很心酸。此刻，小升麟好像又看见了三姐拼命挣扎着不上轿的情形，听见了她的凄惨绝望的哭声。

大约是在五六岁的时候，小升麟曾经在两个姐姐的房间里看见一本有插图的《列女传》。那书里，上面是字，下面是画，这是小升麟平时很少见到的图画书。所以，尽管这只是一本已经被翻得破旧了的线装书，小升麟还是爱不释手。可是，书中的内容让小升麟非常不理解。满怀着疑虑，小升麟问姐姐，姐姐回答说，这是古代的贞节烈女，都是姐姐们的学习榜样。小升麟不明白，这是多么可怕的事情啊，为什么要去学她们？他又去问母亲，母亲也是带着赞美的口吻，指点着图画告诉小升麟：这是孝女投江，这是节妇自缢……为什么女人就该如此守节，如此尽孝，如此受苦？这明明是一本充满了血腥和残酷的《列女传》！即使是母亲的回答，也不能使小升麟信服。而且，让小升麟特别难过的是，封建的清王朝已经被1911年的辛亥革命推翻好几年了，为什么，姐姐的命运还是这样悲惨？不仅仅是姐姐，大哥不是也差不多被他们给逼疯了吗？

想到大哥，小升麟的心像被针扎着一样疼。相貌清秀的大哥，是父母最疼爱的"宁馨儿"。尤其是父亲，对他的长子抱有很大的希望，希望他成为一个文武全才。而刻苦勤学的大哥，真的练就了一身好武艺。每天早晨，天还没有大亮，大哥就在天井里练剑了，只听见天井里霍然有声，大哥如游龙飞舞，手足矫健。在春天的黄昏里，大哥舞动着两把短刀，刀锋上两道寒光，嗖嗖闪烁，随着大哥灵活迅捷的步伐，连接成了一根柔软的丝带，蜘蛛网一般缠绕着大哥的身体。此时，身穿一身白色练功服的大哥就好像一颗巨大的白色的珠子在那里滚动，把周围的人看得眼花缭乱。每到这时，哥哥姐姐们，还有那些正好没事的仆人，都会聚拢来看，甚至连平时最为苛刻的祖父，这时，也会捋着胡须，站在一旁，啧啧赞叹。而这时，就是父亲、母亲最高兴、最得意的时候。

当时，能够上中学的人非常少，而大哥则是以第一名的成绩拿到了中学毕业文凭。为此，姐姐们特意举行了一次欢乐的聚会，庆贺大哥将会有辉煌的前程。那时的大哥，英俊潇洒，踌躇满志。他喜欢化学，想着去北京或是上海的名牌大学深造，还憧憬着将来去德国留学。

但美丽的幻想很快就破灭了，是被父亲残酷地打破的。

他是家里的长子，父亲要他结婚。父亲用很郑重、很严肃也很奇特的方式为大哥订婚娶妻。在给大哥说媒的好几家人家中，父亲认为有两家可以考虑。可是，这两个姑娘，她们的门第相当，前来做媒的人的情面也是一样大，究竟谁更合适呢?父亲拿不定主意。于是,他铺开两方小红纸,认真地将这两个姑娘的姓分别写上,然后将它们揉成纸团,捏在手心,来到祖宗的牌位前,诚心诚意地祷告一番后,打开了其中的一个纸团。大哥的终身大事就这样被决定了。

其实,在大哥的心中,有着他自己钟情的姑娘,那是小升麟姐弟们都很喜欢的一个表姐,而她也是父亲认为可以考虑的姑娘之一,但是,写着她的姓的那一张小红纸,恰恰没有被父亲打开。母亲早已去世,大哥的心事能对谁说?

婚后不久,为了补贴家用,作为长房长子的大哥出去做了职员,月薪二十四元。大哥求学的愿望彻底地破灭了。

灾难并不止此。一年后,父亲突然病故,大哥默默地挑起了全家生活的担子。不单单是吃喝穿戴的钱财问题,原本谦恭文静、只知礼让的大哥现在面对着的是封建大家庭的种种规矩和各房叔叔婶婶心怀叵测的明争暗斗。祖父死了,大哥因为是长房长孙,自然成为"承重孙",成为这个家族的家产的主要继承者,正因为这,更使他成为明枪暗箭的目标。对此,可怜的大哥只有一个办法,他处处让步,以维持这个大家庭的暂时的平静。

大嫂要生孩子了,这本是一件喜事。可是,祖父的姨太太却板着面孔提出,祖父的灵柩还停在家里,如果家里有人生孩子，那么产妇身上的血光就会冲犯死者，因此，必须把产妇迁出公馆；这还不行，因为那血光还会回到公馆，必须迁到城外；这也不行，因为城门也未必能关住那血光，迁出城后，还要迁过一座桥；这也还不行，同时，还要在家里祖父的棺木上做个假坟，这样才能避开那"血光之灾"。

这是多么荒唐的事情啊！

可是，祖父的利益是高于一切的。全家人众口一词，不知是被姨太太危言耸听的话语吓住了，还是谁都不愿意承担不孝的罪名；更有甚者，是要借此难为大哥。

可怜的大哥！这对于他真像是晴天霹雳，可是，大哥没有说一句反对的话，平静地接受了。连自己的妻子都不能保护，还有什么能比这更让大哥痛苦的吗？可是，平生从未说过一句反抗的话的大哥，宁愿哭在心里，气在心里，苦在心里，也不会在人前表示出内心的苦痛！

小升麟可不能忍受这一切。难道大哥就没有想过，这并不仅仅是他个人的事情，这还有可能会伤害大嫂，伤害那个还没有出生的小生命？因为死者是长辈，就可以不顾晚辈的死活？难道，这就是我们的家？这分明是个要把人活活闷死的活棺材。小升麟激愤地质问大哥，可得到的回答却只是无言的沉默。在沉默里，大哥的眼神里流露着茫然、烦躁和绝望。

小升麟是个倔强的孩子。他和三哥不愿妥协，不肯屈服。或许是和大哥的性格不同，他们既不愿意敷衍别人，也不愿牺牲自己的意见。他们不承认叔叔婶婶的权威，对家里的那些不义的事情总要发表批评；对大哥处处磕头作揖以求平安的苦心并不理解。而这，又引起了叔叔婶婶们的更多的不满，他们又转而将这一切不满都发泄在大哥身上，向大哥施加更大的压力，使他的处境更为艰难。

五婶有一次在外打牌输了钱，回家后在盛怒中狠狠地揍了自己的独生儿子，却诬赖小升麟把她的孩子的脸打肿了。她牵着儿子来找小升麟的继母讲理。继母无奈，找来了大哥。大哥要小升麟认错，小升麟坚决不肯，大哥就让小升麟去找二叔，希望二叔能够主持公道。小升麟根本不相信二叔会主持公道。果然，大哥受到的是二叔的斥责。最后，是大哥代小升麟赔礼认错。小升麟清楚地记得，大哥在那里挨骂以后，含着眼泪来到小升麟的房间，有一个多钟头，他诉说着内心的苦楚。小升麟的内心里并不感激大哥，他觉得，本来就不是他的错，根本用不着大哥代他受过挨骂。但是，当大哥最后呜咽着说"四弟，你要发狠读书，给我们争一口气"的时候，小升麟的眼泪终于忍不住了。他在心里暗暗发誓，总有一天，要把李家的丑事都抖搂出来，让大家丢脸！总有一天，"让他们来做一次牺牲品吧！"

有一段时间，大哥仿佛变了一个人，那是五四新思潮兴起之时。每天下班，大哥总是带回一些刚出版的新书报，大哥、三哥、香表哥，还有一个堂房的六姐，每天都会聚在一起，贪婪地阅读新书报，谈论着其中的新思想。青春的朝气好像又回到了大哥的身上，他也是一个"新青年"了。常常是他，把北京、上海发生的最新的学生运动的消息带回家里；也常常是他，为大家讲解许多的新理论。大哥的脸上放着光彩，他的眼睛里闪耀着兴奋、希望和向往的火花。听着大哥侃侃而谈，小升麟的心里充满了骄傲、幸福和敬佩。

大哥是他最敬爱的人。大哥长他近十岁，从小就对他呵护有加。小时候，小升麟喜欢看大哥和姐姐们一起喝酒吟诗，谈笑风生；喜欢看身材修长的大哥舞刀耍剑，雄姿英发。自从父亲和祖父去世以后，当这个家突然变得冷漠、残酷的时候，是大哥安排照顾他的生活起居，安慰保护着他；也是大哥，买来了那些新书报，打开了小升麟的眼界，让他知道了外面的世界，让他呼吸到了时代的新鲜空气，也使他那渴望着新生活的稚嫩的心终于感受到了时代的脉搏！有两年多了，小升麟瞒着家里的人，以满腔的热情投身到社会工作之中。而这些，全亏了大哥，他挡住家里各种人的冷言冷语，承担了所有的委屈和责任。小升麟的心里，充满了对大哥的感激。他多么希望，大哥能够轻松，能够愉快、幸福啊！所以，当年轻人在一起聚会，当看到大哥又是那么年轻而充满朝气的时候，小升麟的心里有多么高兴！

大哥有了一个孩子，一个胖胖的、虎头虎脑的男孩子，可爱极了，大哥特别喜欢他。大哥被断送了的前程，可以通过孩子实现了。

　　可是，这样的日子并没有维持多久。而且，即使是在这段时间，只要一面对家里的男女老少，他就又变得暮气沉沉、老气横秋了。大哥好像变成了一个有两重性格的人，这让小升麟和三哥都难以理解。

　　其实，大哥已经快承受不住了。大哥的身上已经出现了神经错乱的迹象。有时在深夜，当小升麟读书的时候，或是他和他的伙伴们工作完毕回家的时候，小升麟会听见大哥烦躁地在大厅里走来走去；有时，会听到窗玻璃被大哥砸碎后哗然落地的刺耳的声响……

　　小升麟从遥远的思绪中惊醒过来。他愣了一会儿，突然从床上坐了起来，一个坚定的念头在他的心里升起：不，决不能这样！一定要为大哥报仇，让他们也来做一次牺牲品！

第二十章
灵魂的呼号

夜深了,四周一片静谧,一片寂寞。偶尔,传来几声更夫打更的锣声,"咣……咣……"沉重而悲怆,回荡在无边的寂静中。

一盏青油灯,照着桌前的小升麟。灯下,他打开砚台,用那锭黑墨,慢慢地、均匀地研磨起来。一会儿磨好了,他放下墨,展开信笺,拿起那杆小楷毛笔,在信笺上流利地写起来……

小升麟是个爱读书的孩子,或许,是母亲柔声讲解的《白香词谱》给了他最初的也是最难忘的读书的快乐。不过,他喜欢读书,最初并不是为学习,而是觉得好玩。在家里的书房,他熟读了"四书五经",甚至能够流利地背诵。可是,什么"为人子者,居不主奥,坐不中席,行不中道,立不中门";什么"五刑之属三千,而罪莫大于不孝。要君者无上,非圣人者无法,非孝者无亲";什么"坐莫动膝,立莫摇裙,喜莫大笑,怒莫高声……"都让他厌烦。而他喜欢的是那些闲书、野书,像《说岳全传》《水浒传》《封神演义》,等等。就是在读这些书的时候,小升麟忘记了他所在的死气沉沉的大家庭,感受到了新鲜的、活泼的生命力；就是从这些书中，小升麟在潜移默化地汲取着中华民族可贵的精神。

小升麟读的第一本小说，是《说岳全传》。刚刚十岁的他，无意中得到一本残破的旧书：半部《说岳全传》。翻开来，正是《何元庆大骂张用》一章，觉得好奇，就接着看下去，居然全看懂了，而且看得是那么入迷，甚至连饭都不想吃，还到处求人借《说岳全传》的全本。岳飞的形象是那样感动着小升麟，他忘不了风波亭之后，岳飞亲属偷偷来扫墓的情景；忘不了"气死金兀术"的牛皋老将军，这个敢于撕毁圣旨的老英雄。读着这样的书，人物、风景、历史都好像在他的心里活了起来，他永远忘不了。后来，当他又读到四川作者觉奴写的长篇小说《松岗小史》，看到主人公在岳飞墓前纵身捉知了的文字，小升麟仿佛身临其境一般熟悉、亲切。

可是，小升麟有一个问题想不明白：秦桧为什么会有那么大的权力？

在曾祖李璠留下的遗著《醉墨山房诗话》中，小升麟读到了《圣寿六旬赋》《徐母李太宜人寿序》之类的文章，这种应酬之作，他是最不要看的。不过，曾祖关于明代诗人兼画家文徵明的词《满江红》的一段文字，却让小升麟眼睛一亮。曾祖是这样写的：

予在成都时，有以岳少保所书"忠孝节义"四大字求售者，价需三百金亦不能定其真伪，然笔法遒劲，亦非俗手所能。又尝见王所作《满江红》词，悲壮激烈，凛凛有生气，其词曰（原词略）。明文徵明和之曰：

拂拭残碑，敕飞字、依稀堪读。

慨当初、倚飞何重，后来何酷！

岂是功成身合死，可怜事去言难赎。

最无辜，堪恨更堪悲，风波狱。

岂不念，封疆蹙？

岂不念，徽钦辱？

念徽钦既返，此身何属？

千载休谈南渡错，当时自怕中原复。

笑区区、一桧亦何能，逢其欲！

诛心不论，痛快淋漓，使高宗读之，亦当汗下。

小升麟读着，也有一种痛快淋漓之感，一股敬意油然而起。曾祖不过是清朝的一个小官吏，可在大家都叩头高呼"臣罪当诛""皇上圣明"的时候，他却理解、赞赏文徵明的"诛心之论"。小升麟似乎明白了一些，他的心里，更充满了愤恨：奸贼当道，国无宁日！

以后，小升麟读到了《施公案》，后来又是《彭公案》。《彭公案》只读了半部，像"杨香武三盗九龙杯"之类的故事十分吸引人，可是后半部怎么也找不到。有两三年时间，小升麟几次梦见借到全本的《彭公案》，高兴得不得了，刚要翻看，就醒了。他心里别提有多懊恼了。他恨透了书中那些强占民女的衙内、采花贼等恶霸坏蛋。也因此，他特别喜欢那些除暴安良、打家劫舍的英雄好汉。

《水浒传》也是他最喜爱的书。林冲的故事使他入迷，他忘不了月夜之下，林冲挑着酒葫芦踏雪回到草料场的情景。他爱英雄，憎恨高衙内父子和陆谦、富安之类的走狗！

常常，在马房里，小升麟和"下人"们一起围着火堆席地而坐，听他们讲述那些游侠剑客的故事。听着听着，小升麟会梦想着，自己将来长大成人后，也要做一个劫富济贫的游侠，佩一把长剑，到处飘游，侠肝义胆，自由自在！

在《封神演义》中，小升麟知道了雷震子的故事。雷公原来有这样一副相貌：一张尖尖的鸟嘴，两只肉翅，蓝脸赤发，拿着铜锤满天飞。不知为什么，小升麟喜欢这相貌，真的很想见到他。他想，雷震子一定是通人性的，是可以亲近的，虽然雷震子有着那样奇怪的形状。

读了《镜花缘》，看到因为武则天下了诏令，寒冬里，一夜之间皇宫中百花齐放，这真是有趣！小升麟仿佛看到了那明媚绚丽、生机盎然的满园春色。当他再听到春雷的时候，他就会想起这个故事，想起"春雷一声，蛰虫咸动"的农谚。他想象着：那些冬眠的小生命，怎样从长梦中醒来,怎样睁开滴溜溜的小眼睛,转头四顾,怎样伸一个长长的懒腰,打一个长长的呵欠,然后一跳,就活泼地跳到地面上来。于是,春天来了!大地上一下子充满了生命,充满了色彩,充满了喧闹,充满了欢乐!

小升麟可以熟背好几部书,其中有一部是《古文观止》,里面有很多文章是小升麟会背却讲不清楚的,而有一些却是他不但懂而且喜欢的,像《桃花源记》《祭十二郎文》《赤壁赋》《报刘一丈书》,等等。他不仅喜欢这些很有韵律感的文字,而且里面浓浓的诗意、深深的情感使他陶醉,使他感动!

长大一些以后,在失去母亲、父亲的痛苦和寂寞中,小升麟开始跟香表哥学外语。

在香表哥的帮助下,小升麟开始读英文原版的外国小说。小升麟永远忘不了在李家宅院的一间小小的房间里,一盏青油灯下,两个年轻人,在桌上摊开了一本《大卫·科波菲尔》……小升麟的心里,永远藏着对香表哥的感激。香表哥不仅是他的英文启蒙老师,还让小升麟懂得了许多事情。就是在香表哥的指导下,起初他读狄更斯的《大卫·科波菲尔》《雾都孤儿》《双城记》,后来,又读雨果的《悲惨世界》《巴黎圣母院》。

他最喜爱王尔德的童话。王尔德对不合理的社会制度的严正控诉,对贫苦人的深刻同情和在作品中表现出来的崇高灵魂,深深地感动着小升麟。尤其是那篇《快乐王子》：冬天来了，快乐王子站在高高的塑像上，远远地看着眼前所有的一切，什么地方什么人有了困难，他就要求在他身上栖息的即将飞往南方的小燕子，把他身上的宝贝取下来，去送给那些需要帮助的人们，直到自己身上有价值的东西全部送尽，直到自己心碎而死，小燕子也冻死在他的脚下……

他还喜欢读斯托姆的小说，特别是郭沫若翻译的《茵梦湖》，他喜欢作品清丽的文笔、简单的结构、纯真的感情……还有意大利作家亚米契斯的小说《心》，他读的还是当时包天笑的改编本《馨儿就学记》。

小升麟读了多少书？那书中，纯真的情感，清丽的文字，人类对爱的向往，多少次，让小升麟淌下了感动的眼泪，多少次，让小升麟捏紧了愤怒的拳头！

小升麟阅读的书，一天一天地多起来，范围也更广了。从书中，他逐渐感受到了爱国主义的热忱。他成了梁启超的热心读者，他爱读梁启超的《中国魂》和《饮冰室丛著》，他赞成梁启超在《国民浅训》中的关于征兵制的主张，甚至准备投笔从戎。

还有林琴南翻译的英国小说《茶花女》《黑奴吁天录》《撒克逊劫后英雄略》……大约是《十字军英雄记》，其中有一句话，小升麟一直忘不了："奴在身者，其人可怜；奴在心者，其人可鄙。"

很快，五四运动爆发了，反帝反封建的烈火在中华大地上燃烧。新文学是散播火种的文学,《新青年》是五四运动中,译介外国生活科学、文学思潮和文学作品影响最大、倡导最有力的前驱。从1915年创刊伊始,它就相继翻译介绍了屠格涅夫、王尔德、赫胥黎、叔本华、富兰克林、莫泊桑、陀思妥耶夫斯基、伯格森、易卜生、安徒生、托尔斯泰等外国名家及其作品。大哥几乎把所有的《新青年》都买来了,小升麟则如饥似渴地从新文学作品中汲取养料,一本接一本,一篇接一篇……

小升麟的眼界大大地开阔了。他读屠格涅夫的《猎人笔记》《前夜》《门槛》,车尔尼雪夫斯基的《怎么办?》,赫尔岑的《往事与沉思》。

他读高尔基的《草原故事》《鹰之歌》,他读斯托夫人的《汤姆叔叔的小屋》,他读托尔斯泰的《复活》《战争与和平》。

他读朱自清、叶圣陶、夏丏尊的作品,他读冯雪峰的诗集《湖畔》,他读茅盾先生的文学评论和他翻译的文学作品……

它们像一盏长明灯照亮了小升麟的内心,让他不断地看到理想的光辉,找到自己的同志和兄弟。

读《战争与和平》,小升麟忘不了安德烈公爵受了伤躺在战场上仰望高高的天空的情景。

读高尔基的《草原故事》(英译本),小升麟仰慕那勇士丹柯,"他用手抓开自己的胸膛,拿出自己的心来,高高地举在头上……"那颗燃烧的心，在黑暗中照亮人们前进的路。他更忘不了高尔基笔下的《鹰》：它胸口受伤，羽毛带血，"不能再飞上天空，就走到悬崖边缘"，"展开翅膀"，滚下海去，但是，"在勇敢、坚强的人的歌声中，你永远是一个活的榜样"。

读鲁迅《呐喊》里的《狂人日记》《孔乙己》《药》《一件小事》《风波》《阿Q正传》……尤其是《狂人日记》，小升麟觉得，先生的笔是如此犀利，他好像来过李家宅院："我翻开历史一查，这历史没有年代，歪歪斜斜的每页上都写着'仁义道德'几个字。我横竖睡不着，仔细看了半夜，才从字缝里看出字来，满本都写着两个字是'吃人'……"还有谁，能写得如此让人震颤?!

在屠格涅夫的《前夜》中，当读到"我们是青年，不是畸人，不是愚人，应当给自己把幸福争过来!"这样的文字时，小升麟是何等兴奋，何等为之鼓舞!

每当读到这样的好作品，小升麟总觉得身上多了一股暖流和一种力量，并渴望着为别人多做一些事情。这些作品滋润着小升麟的心灵，将他引向崇高的事业。它们，给了他生活的勇气，给了他反抗黑暗的力量，更使他坚定了一个信念：生命的意义在于付出，在于贡献，而不在于接受和获取。

有一团火在小升麟的心里燃烧。那颗心，要炸裂开来似的，无处安放，逼得小升麟拿起笔来，非写点东西不可。小升麟要控诉，为受难的人鸣冤叫屈，对不合理的社会制度提出抗议！

小升麟拿起了笔。他的笔力还稚嫩，但是，坚定而充满激情。

忘记了无边的黑暗，忘记了黑夜的寒冷，青油灯下，小升麟郑重地署上自己的字：苇甘。

小升麟没有想过，从此，他就走上了一条与笔终身为伴的文学创作的道路；他更没有想过，要当一个文学家。而现在，他，是在用笔向旧制度挑战！

是的，他已经不再是小升麟了，他已经成为李尧棠。他曾经在文学作品里面得到温暖，得到力量，现在，他也要把这火，把这温暖和力量传给别人。

1922年，在郑振铎主编的《文学旬刊》上，李尧棠陆续发表了一些作品，其中有《被虐待者的哭声》的组诗，包括十二首俳句式的小诗，还有一篇类似短篇小说的作品《可爱的人》。

这是李尧棠最早的诗作，直抒胸臆，直陈所见。在富于感情的散文化的平直浅露的语言中，尧棠描画着现实的黑暗、痛苦，抒发着对现实的关注、愤慨与鞭挞："一个雄壮的人"，举起"可怕的鞭子"鞭打逼迫着负重前行的"瘦的牛"（《路上所见》）。"'少爷，给我一个钱吧！可怜我两天来都没有吃东西啊'，路旁一个老乞丐凄惨而微弱的叫声，深深地打入我的心坎里。"因为自己没有钱能够帮助乞丐,"我的心底上便永远留着'惭愧'的痕迹了"(《惭愧》)。那"一个约莫十一二岁的小孩,穿着一件极褴褛的衣。乱蓬蓬的头上,插着一个草标儿,他的小脸是深黑的……街上的人都笑他,厌他;却没有一个可怜他。因为他已是一个丧家的小孩,没有母亲保护的人了"。尧棠感叹着,"没有母亲保护的,丧家的小孩,在这世界上是任人践踏的"。在诗的结尾处,尧棠特意注明:"这是我眼见着的一件实事。"(《丧家的小孩》)

对妇女命运的叹息,在尧棠的笔下,显得格外深沉,它让人们想起后来尧棠笔下出现的那些在封建礼教的桎梏下悲惨寂寞的女性形象。如《被虐待者的哭声》之十中,尧棠写道:"一株被花匠扎过的梅花/在盆里死了。"受当时流行的哲理小诗、抒情小诗的影响,尧棠捕捉住生活的具体意象,以枯萎的梅花比喻在封建礼教迫害下寂寞地度过一生的妇女,寥寥数语,言简意赅,在蕴藉隽永中给人以回味和感悟。相似的还有另一首《一生》:

> 未开的——含苞了;
> 将开的——开放了;
> 已开的——凋残了;
> 花儿静悄悄地度过了她的一生。

面对现实,尧棠在痛苦中思索:"被虐待者的哭声何等凄惨而哀婉啊！但能感动暴虐者的残酷的心丝毫吗？"（《被虐待者的哭声》）在题名为《疯人》的诗中，尧棠提出了一系列假设：假如有个极富的人，假如有一个商人，假如有一个田主，如果他们肯将自己的财产施于穷人，那世上的舆论就会说他们发了疯。"但是现在世界中正需要一个这样的疯人啊！"因此，"我决意要在现在世界中，寻出一个——只寻出一个——疯人，但是失败了"。为此尧棠叹息道："我是生在这聪明人的世界中啊，这世界已经没有一个'疯人'存在了。"在一首题名为《梦》的诗中，尧棠梦见一个黑暗的场所，昏睡着许多肮脏不堪的人，但他们的脸上却"带着快乐的颜色"，一个先觉者叫喊"起来"，只使得几个人翻了个身，最后连先觉者自己也倒下去了。这里，和鲁迅先生的小说《药》有相似之处，表达了他对当时社会黑暗的愤懑和对人民群众的不觉悟的痛心。

尧棠将他在短短十几年的生活中的种种感触和思考都写进了他的作品。这里，不仅有对劳动人民的贫苦生活的同情，有对先觉者的赞叹，有对世俗陋习的鄙视，更有的是内心的痛苦、彷徨、挣扎的揭示和对理想的执着的追求。他怒吼："战胜者/留心你的失败的敌人的悲哀！"（《被虐待者的哭声》之三）他渴望着："雨啊！落吧，不停地落吧！把这世界洗成一个极美丽的吧！"（《被虐待者的哭声》之七）在《黑夜行舟》中，我们倾听着他心底的呼唤:"天暮了,在这渺渺的河中,我们的小舟究竟归向何处?远远的红灯啊,请挨近一些儿吧!"

在小说《可爱的人》中,他在轿中人和抬轿人的生活状况的对比中,赞美着轿夫的善良、纯朴。其中,倾注着他对童年时在"下人"们那里得到的美好、善良的爱的感激……

在《草堂》第二期上,人们读到了由李尧棠翻译的俄罗斯作家迦尔洵的小说《旗号》。这是他的第一篇译作,是从英文版的《俄罗斯短篇小说集》中翻译过来的。年轻的李尧棠也不清楚他是从哪里找到的这本书,但是,读完之后,他深深地被其中的人道主义所感动着……

那里面,有一个满肚子怨气的铁路巡道工瓦西里,因为受到上级的不公正待遇而满怀着怨气,扛起工具来到他平时巡道的铁路上撬铁轨。谢明,一位和他一同共事多年的巡道工,发现了这个情况以后,这个好心的邻人赶紧跑向铁路。他一边跑,一边从自己的帽子上撕下一块棉布,做成一面小旗帜,又从自己的皮靴筒里,抽出平时用的俄罗斯小刀,戳进自己的手臂。鲜红的血液喷淌出来,染红了旗帜,他把这面小小的鲜血染红的旗帜高高举起,不停地奋力地摇晃着,向火车发出报警的信号。

火车风驰电掣般而来。已经看得见火车头了,谢明的手还在高举着。隆隆的火车越来越近,已经能够感到铁轨的震颤和火车头强大的喷气的冲力,谢明的眼前一片昏黑,他终于倒下了,手中的旗帜也不由自主地松开了……但是,旗帜没有落地,另一只手抓住了它,继续在摇……

火车停住了。人们不知发生了什么事情,纷纷从车上跳下来,乱哄哄地围了一大群。只见铁轨旁,血泊中躺着一个失去知觉的人,而在他的旁边,是瓦西里。血染的旗帜从他的手中飘落,他垂着头,低声却用力且清晰地说:"请把我绑起来,是我,撬开了一节铁轨。"

即使今天读来,人物的不幸的遭遇和他们心灵深处的美好、忘我、牺牲的崇高情感依然使我们感动。而尧棠,要将他在这里汲取到的生活的勇气、生活的力量,传达给更多的人!

紧张而热烈,躁动与不安,尧棠,这个时代之子,在读书与思索中,用他的那杆小楷毛笔,用那锭黑墨,传达着他作为那个时代的青年人满腔的热与力:

青年人!
要想美丽世界的实现,
除非你自己创造罢!
——《被虐待者的哭声》之十二

第二十一章
御风而行

清晨,李家宅院还沉浸在黎明的宁静中,只有小鸟在大槐树的枝头喳喳鸣叫,开始了一天的晨歌。

烟雨蒙蒙之中,一条小木船,载着两个年轻的孩子离开了家乡,驶入茫茫的人海之中。这两个年轻人,自以为是已经饱经忧患的大人了。现在,他们怀着一腔热情,告别了家乡。他们没有计划,没有野心,甚至没有一个指导他们的师友,有的只是年轻人的勇气和真诚。

他们就是小升麟和他的三哥李尧林。此时,小升麟已经是一个身材修长、目光坚定、行动果断的年轻人了。是的,小升麟已经长大了。他已从一个小孩子长大成为用"李芾甘"的名字发表文章的青年李尧棠了。这段时间,他不仅在《半月》上发表了《怎样建设真正自由平等的社会》的论文,还在上海《时事新报》的副刊《文学旬刊》上发表了他的最早的一组诗作《被虐待者的哭声》(共十二首)。在这个由郑振铎主编的副刊上,他后来又陆续发表了一些新诗。他积极参加《半月》的工作,虽然很快因为发表反对军阀政府不准女子剪发的文章,《半月》被禁止出版发行,但尧棠毫不气馁,他又参加了《警群》月刊的编辑工作。

无论是写作,还是参加社会工作,尧棠都把它们当作向旧制度发起的战斗,倾注了满腔的热情。在《警群》上,他还发表了一篇专门谈论爱国主义的文章:《爱国主义与中国人到幸福的路》。在文章中,他引用托尔斯泰的话抨击当时的北洋军阀以"爱国"为名镇压人民,以维护自己的反动统治的罪恶行径:"爱国主义者,杀人之制造场也,其所练习者,杀人之术也,其所讨论者,杀人问题也,与平民生活无与焉。"他指出:"自从'兽欲时代'产生了国家后,就有所谓'爱国主义'出现,其原因,其作用,无一处不是作伪、自私、自利。这一国的政府想扩充他的土地,不惜牺牲人民的性命,去发挥它的兽欲,叫人民去给他侵伐别国,若是打胜了,只有那般军阀政客享快乐,打败了,几百万的军费,哪些不是平民脂膏?到底与平民有什么利益?可怜的平民,他哪里知道所谓爱国主义就是杀害他们最亲爱的父子兄弟姊妹的武器呢?"

追寻理想的路是曲折的。由于和《警群》编辑部的某些人对于革命理想的理解不同,他和几位朋友发表声明退出了编辑部。半年之后,他和这几个朋友一起创办了周刊《平民之声》,并担任主编。这是他第一次当主编,又是周刊,他几乎每天都在发稿,看校样,因此特别忙。看着自己编好的文章一个字一个字地排成版面,上机印刷;看着印刷机有节奏地转动着,一页又一页的纸张从平架机上飘落下来，尧棠感到既新鲜又有趣。一封又一封不相识的读者的来信，更让尧棠感到自己工作的神圣。他常常为此忘记了吃饭、休息。在他们周刊社的周围，很快就聚集了一群研究和传播新文化的年轻人。每到周日，或是在公园的茶棚里，或是在某一个朋友的家里，他们聚在一起，热烈而又梦幻似的谈论着各种社会问题，谈论着各人将来的计划和现在应该怎样去帮助人民。人道主义、社会主义、改良主义、无政府主义等，都给他们带来极大的精神动力。他们已经把社会改革的担子放在了自己的肩膀上。是的，这群年轻人看到并承认这样一个事实："地主是剥削阶级，是工人、农民养活了我们，但他们自己却过着贫苦、悲惨的生活。我们的上辈犯了罪。"因此，要"推翻现在的社会秩序，为上辈赎罪"。然而，现实却以它的无情刺伤着年轻人渴望牺牲、渴望献身的心灵，反动的军阀当局决不会放过这个小小的却是充满了激情和理想的编辑部。常常，当刊物刚刚印好，警察厅派来的人也来到了编辑部，送来"言论过激，对于国家安宁恐有妨害，不许发行"的审查意见。尧棠和他的同伴们对此愤怒至极，他们不愿让自己的劳动白费，还是想尽办法把刊物送到读者手中。这种麻烦，几乎每期都会遇到。终于，在苦苦坚持了十期以后，《平民之声》不得不宣告停刊了。

挫折在折磨人的同时也在锻炼着人。对于顺通街上的这个大家庭，李尧棠再也没有一丝留恋；四川盆地中成都平原的闭塞沉闷，他一刻也不愿再忍受。恰好，三哥尧林从外国语学校毕业了，他鼓动尧棠和他一起离开成都，赴沪考大学深造。兄弟俩的心思让大哥知道了，尽管家里经济并不宽裕，但大哥还是全力支持。他自己原来想到上海学化学的志愿没能实现，现在应该让弟弟们自由奔向他们的前程。

江水滔滔，滚滚东去。小木船慢慢地离开了江岸的码头，渐渐地驶远了。尧棠立在船头，不住地向码头挥手。码头上，也有一个人影，也有一只手臂，在不断地摇晃着。那是大哥！只有他一人来送尧棠、尧林，只有大哥一个人！尧棠的耳边，又响起大哥送别时含着眼泪说的话："希望你们学业完成，就回家来，帮助我重振家业。"

多亏大哥，说服了继母，说服了家里其他的长辈，为兄弟俩筹措齐了路费和其他费用。甚至二叔，也似乎被两兄弟的志向感动了。临行前，二叔特地给他们拿了二十块银圆作为盘缠，还再三叮嘱他们，出门在外，一定要谨慎小心，注意安全，注意起居。这样的话，在这个家里，已经很久没有人这样说了，就是现在尧棠想起来，也觉得有些感动和感伤。这个家，他是再也不愿回来了！可是，大哥，你将会怎样呢？

很快，大哥的身影看不见了，远远寻去，除了一片青幽的江水，只有一片山影，还有天边的朵朵白云……

阳春三月，江岸上的田野里，秀色逼人，氤氲的雾气在清晨明媚的阳光下袅袅升腾，葱郁的田地里，曲折的阡陌间,是成片成片的碧绿的蚕豆,还有开着金黄色花朵的油菜花,丛丛翠竹林中,掩映着那白墙黑瓦的座座宅院……

尧棠久久地凝望着这片养育了自己的土地,这片他生活了十九年的土地……

天朗气清,风和日暖,阳光普照着大地。这是一片肥沃的土地,这是一片涌动着绿色生命的土地。在湛蓝的天空下,春日的田野里,一切都是喜气洋洋的。无论是什么种子,洒落在这片土地上,在明媚的春光的沐浴下,都在长大,伸展,胚芽冲破外壳,嫩芽初绽,青苗茁壮;那一棵棵挺拔的小树苗,枝干里浆汁洋溢,正汩汩地从大地的深处吸吮养料,向着蓝天,向着光明,不可遏止地向上,向上……

阵阵江风吹来,江风湿漉漉的。尧棠敞开胸怀,自由地呼吸着,让这新鲜的带着鱼腥味儿的江风沁满心脾。一种新的感觉渐渐地浮上心头,他不知是悲还是喜。

尧棠伸出双手,好像想去捉住江风。一丝微笑浮上脸庞,尧棠特别喜欢在大风中游戏。小的时候,曾经有过多少关于风的游戏!"列子御风而行",那时,尧棠还读不懂庄子,但他却不知为什么特别喜欢这一句。多少回,他梦见自己,腋下生出了双翅,自由自在地飞翔在那浩瀚的蓝天……

让风,吹起衣襟;让风,鼓满衣袖。张开双手,顺着风势，跑啊，跑啊……身体似乎轻了许多，好像被风吹起来了，吹起来了……

下雨了，起风了。雨中斗风，更有情趣。撑开伞，顶着风，风要旋走伞，紧紧握住伞把，决不放松，真好玩，可也很吃力。一不小心，大风会刮翻了伞，把伞往天上吹；或者把伞吹得滴溜溜地满地转，让你追都追不上。

江风鼓荡着江涛，一浪推着一浪，接连不断。江风吹拂着小船，船身摇晃。浩荡的长江水，你从哪里来，又到哪里去？

弯下腰来，尧棠小心地从船沿边掬一捧拍击着船帮的江水。这江水，是从都江堰开闸放水流下来的吗？可还带有雪山的刺骨的寒意？你滚滚东去，一刻不停，是不是也不愿再拘束于高岸的辖制、低谷的滞留，而向往一泻千里、自由自在地奔向那浩瀚的东海？这可祝福的江水，将把尧棠从他住惯了的家带到那不可知的城市和人群中，那里，新的一切正在不可阻扼地生长着；那里，有尧棠的几个通过信但未见过面的青年朋友。在年轻的尧棠看来，还有什么能比朋友更可亲可信呢？

是的，那里将会有新的生活，新的未来！

江风拂面，吹起尧棠的衣襟，鼓满他的心扉。他已没有时间去为过去十九年的生活悲哀痛惜了，新的生活在前面，新的生活在召唤。李尧棠，这个世纪之子，将在时代的大风大雨中，御风而行！

后 记

当这本薄薄的小书即将完成的时候,新年的钟声正徐徐回荡在古老的京城。瑞雪飘飞,北国一片银装素裹。这纯净和洁白,仿佛也飘入了我的心中……

虽然只有数万余字,然而,我却由此走进了一个海洋般浩瀚的艺术殿堂,走进了一个比天空还要广阔的胸怀。在这里,我感受着一颗伟大、深邃、火一般燃烧着的心灵,我沉醉在那无比的亲切、睿智、清新、隽永之中……

我很有些忐忑,在撰写这本小书时,没有去访问巴金老人。这不仅因为和老人有着地域之遥,也不仅因为老人已是九旬高龄,老人的时间实在太宝贵,而更是因为"高山仰止"!

老人曾经说过,他不想别人替他作传。我亦不敢有这样的念头。书中的基本内容,无论情节或是细节,均来自老人的笔下。我更希望,在这连缀之中,融入我对老人的认识、理解,融入我对老人的敬意!

而今,老人已经远行,老人的一生,"在作品中生活,在作品中奋斗";他始终努力践行:生命的意义在于奉献,而不在于索取；他对后辈殷殷嘱咐：人各有志，最重要的是做人。他对新一代孩子殷切希望：一定要学好中文……他对故乡无比眷恋：我一直想闻闻家乡的泥土味。到现在，我仍要汲取家乡的阳光、雨露，跟家乡的禾苗、树木一齐生长……他希望"化作泥土"……而所有这一切，都如老人自己所说的那样，"只要我的作品存在，我心里的火就不会熄灭……"它将永远温暖着，燃烧着，在未来无限的日子里！

愿亲爱的小读者们在这里，能够感受到老人的童年和青少年时期的生活氛围，能够寻觅到老人人生历程的最初轨迹，进而去感受老人的那一颗博大、深邃、火一般燃烧着的心灵；并且以此，铸炼自己也有一颗能够温暖别人的美好的心灵。

我也愿以此，献上我对老人的深深的永远的崇敬！

尘尘居